小1担任の言葉が今すぐ身につく本

吉

明治図書

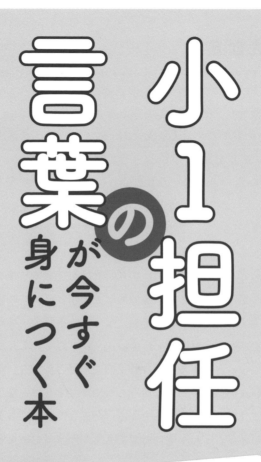

まえがき

冒頭から，身も蓋もないことを言います。

「この言葉さえ言えば大丈夫！」というような魔法の言葉は，ありません。

例えば，「ありがとう」という言葉を例に考えてみましょう。この言葉はかなり万能に近い，意識的に使いたい言葉です。しかし，この温かい言葉でさえ，言い方１つで全く違う様々なニュアンスに変わってしまいます。

試してみましょう。思い切り，皮肉を込めて，嫌味っぽく言ってみてください。意地悪な人物がヒロインに言っているイメージで。次は女王様になったつもりで，高慢に，冷たく，見下す感じで。今度は，うんと軽く。ありがたいなんてちっとも思っていない，口先だけの言い方。それから，いらいらして，早くあっちへ行って！と思いながら。最後は，相手を馬鹿にしてふざけた感じで。他にも試してみましょう。どんな言い方ができますか？（ちゃんと声に出してやってます？　あ，ごめんなさい，声を出せない状況もありますね……。本屋さんで立ったままやったら，もう二度とそのお店に行けなくなりますね。失礼しました。帰ってから，ぜひ実験してみてくださいね。）

いかがでしたか？　「ありがとう」という美しい言葉でさえ，言い方次第で，いくらでも相手を傷つける言葉になってしまうのです。

言葉に力が宿るのは，そこに伝えたい思いがあるからです。思いがないまま言葉だけ言っても，何も伝わりません。それどころか，「ああ，めんどくさいな」「はあ？　何言ってんの？」「うるさいな，うんざりだ」といった思いを抱いていると，いくら立派な言葉を言っても，恐ろしいことに心の声はにじみ出して，何となく相手に伝わってしまいます（自分が言う側のときはわかりませんが，言われる側に立つと，わかると思いません？）。

もう１つ実験を。言葉が全く通じない宇宙人に，「ありがとう」の気持ちを伝えようとしているつもりで「ありがとう」と言ってみましょう。まだしゃべれない，ふにゃふにゃの赤ちゃんを抱っこしているのを思い浮かべて，その子に伝わるように，「ありがとう」を言ってみましょう。最初の実験の「ありがとう」とはまるで違う言葉になりましたね。そして，きっと，まなざしや，物腰や，声の調子，相手に触れる手に，抱く腕に，精一杯の思いを込めたのではないでしょうか。それらは，口から出る言葉以上に，たくさんの思いを伝えると思います。

言葉は，相手を傷つけもすれば，救うこともできます。思いを届ける道具だからです。まず，自分は子どもたちにどんな思いを伝えたいのかをはっきり意識しましょう。その思いが届くよう願いを込めて，さあ，話しましょう。

2025年１月

吉田　温子

もくじ

姿勢

ほめる（全員）

ほめる（個人）

指示・注意

第2章 特別な場面で使える言葉

第3章 ピンチの場面で使える言葉

小１担任の言葉
～基本的な心構え～

叱るのではなくて

もし，職場で，自分は居場所がないと感じたら，勇気もやる気もなくしますが，他の人に受け入れられていると思うと，安心し，元気になります。人間は，社会的な動物なので，人とつながりをもちたい，集団に居場所がほしい，という欲求をもっています。

小学１年生は，新しい環境，新しく出会った人々の中で，新しい課題を次々と課せられ，「がんばれ！」と言われ，不安をいっぱい抱えています。安心を得るため，必死で先生や友だちとのつながりを求めている子たちが，たくさんいます。

がんばっているときより，不適切な行動を取ったときの方が，がっつり注目され，感情のこもった言葉をかけてもらえるのであれば，それが「○○さん！　やめなさいっ！」「だめでしょ！」といった叱責の言葉であろうとも，注目されないよりは，求めているものが得られるので，自然と不適切な行動が増えていきます。

叱ったのにまたやっている，のではなくて，叱ったからまたやっているのかもしれません。

ほめるのでもなくて

　ということは，適切な行動を増やしたければ，適切な行動にたくさん注目し，プラスの言葉をかけていけばいいのです。

　では，ほめればいいのか，というと，そう単純ではありません。

　子どもたちは，先生の目の前でこれ見よがしにアピールしながらごみ拾いをしたり，「先生，整頓をしておきました！」とわざわざ報告したりすることがあります。ほめられたくて行動している例です。

　ほめるのがよい教育のようによく言われますが，子どもが，ほめられるというごほうびを目的に行動するようになるのは，大いに問題ありです。ほめてくれる大人がいないとやろうとしなくなるし，期待した賞賛が得られなくなったり，ほめられるほどのすばらしい行いをずっと続けるのは自分には難しいと思ったりすると，やがて不適切な行動で注目を得る戦略に切り替えます。ほめてほしくてよい行動をするのと，注目を引きたくて不適切な行動をするのとは，実は地続き，紙一重なのです。

なぜすばらしいかを伝える

　では，どうしたらよいのでしょう。ほめてくれる人がいなくても，自分で「これは，よいことだ」と判断して行動できるといいですよね。「よいこと」は，自分がうれしいだけでなく，みんなとのつながりも深めることであれば，「つながりたい」という心もきっと満たされます。

そう考えると，ただ「すごいね！」「上手だね」とほめるのではなくて，その行動が自分やみんなに，どんなよさをもたらす「よいこと」であるかを伝えることが，まず，ポイントになりそうです。

「ごみを拾ってくれてありがとう。みんなが気持ちよく勉強できてうれしいね」「きれいな字！　将来，うれしいチャンスがいっぱいありそうだね」など，なぜ，その行動が「すごい」のか，どんなよい意味があるのかを考えて，１年生にもわかる言葉で伝えてみましょう。行動を取る際に，ちらちらと先生の方を見るのではなく，きれいになった教室や，今書いている字など，自分自身が得た「よいこと」に意識が向けられるといいなあと思います。

尊敬を込めて言う

適切な行動が，自分だけでなく，みんなにも喜ばしいことで，つながりを強めることだと実感するためには，「みんな」の１人として，先生が喜べばいいのです。

「先生が，ほめる，というごほうびを与えている」と，「先生が，みんなの１人として喜んでいる」の違いは微妙に見えますが，子どもの心に与えるものは違います。「上からほめる立場の大人」と，「ほめてもらう下の立場の子ども」という縦の関係でいる限りは，いくら言葉を選び，喜びを伝えても，「上からほめる」になってしまうと思います。ともに生きる仲間の１人として，ともに喜ぶという横の関係としての言葉とは違います。

縦の関係の中で言う「すごい！」と，横の関係の中で言う「すごい！」の違いは，そこに尊敬があるかどうかだと私は考えています。小学１年生でも，懸命にがんばろうという気持ちは大人と変わりないし，むしろ，未知に満ちた世界で生きている子どもだからこそ，その中でがんばる勇気は尊く，尊敬に値すると思います。

ある校長先生の言動に，「私は認められていないな。軽んじられているな」と感じた先生たちが，校長先生にそう言ったら，「そんなはずはないです。私は月に１度は先生方に肯定的評価をするようにしていますから。ほめ方が足りませんでしたか」と言われ，先生たちはとてもがっかりしました。仕事上のノルマとしてほめているだけで，足りなかったのは，ともに生きる仲間としての敬意だったのですね。それは，どうしても相手に伝わってしまいます。

敬意の伴わない「ほめ言葉」は，相手が，縦の関係の下の立場として「ほめて！」と思っているときは違和感がないかもしれませんが，人間として横の関係でいたいと思っているときはあまり気持ちのいいものではありません。私は，下から「ほめて，ほめて」とごほうびをねだる立場にも立ちたくないし，相手に下から「ほめて，ほめて」とおねだりされる立場にも立ちたくないです。相手が子どもでも管理職でも，互いに敬意を込めて，「すごいですね」と同じ立ち位置で語り合いたいです。敬意を込めた言葉で，認められていることが伝わったとき，やる気が生まれます。

心からの「すごい」を見つける名人になろう

１年生に対して，「ほめてやろう。よしよし，よくやったね」と「ほめ言葉」を与えるのではなく，心から「すごい！」と思って，敬意を込めて言うのは，簡単なことではありません。何しろ１年生ですから，がんばってやったことも，心から「すごい！」とは思えないかもしれません。

そこで，１年生にとって，それがどんなにすごいのかを想像します。慣れない場所で，出会ったばかりの先生の話を聞いて，次から次にいろんなことを指示されて，何だかよくわからないことがいっぱいあって…，「さっきも言ったでしょ」と言われたけど，何のことだっけ…ぼうっとしていたら，名前を呼ばれて，何か間違えたみたい…。

どきどきしますね。席に座っているだけで，すごいという気になってきました。その前にまず，学校に来ているというだけでもすごいです。その上，話を聞こうとしている。きっと，これから，いろんなことを吸収して，力をつけて，成長していくのでしょう。今，この瞬間，懸命に話を聞くことで，どんな力をつけているのでしょうか。その力は将来，どんなことに生かされるのでしょう…さあ，どんな言葉で「すごい！」を伝えましょうか。

「すごい！」を見つけるこつは，まだあります。他の人と比べるのではなくて過去の本人と比べることです。前はこういう場面ですねていたのに，すねなくなった，など，成長したところを探すと，「すごい！」が見えてきます。

「当たり前」と思っていることを「それをしなかったらどうか」と想像するという技もあります。できていないことはどうしても目につきますが，できていることは見えにくいものです。黙って座っているこの子たちが，座っていなかったら…，泣き叫んでいたら…，学校に来ていなかったら…。そう考えてみると，この人たち，いろんなことをがんばっていて，すごいではありませんか。

言葉をしっかり届ける

せっかく「すごい！」を見つけて，伝えようとしても，教師の言葉が１年生に伝わらなければ意味がありません。

まずは，１年生にわかりやすい言葉を選ぶこと。この言葉は難しいかな，と思ったらどんな言い換えができるか考えましょう。

わかりやすい発声，発音で話すことも大事です。はっきり丁寧に話してほしいですが，ゆっくり話せばいいというものでもなくて，あまりにもゆっくり話していて言葉が伝わりにくいこともあります。語尾を上げる，強める，伸ばす，など，語尾ばかり耳につき，肝心の言葉が頭に入ってこない話し方も，１年担任の先生方に意外と見受けられます。手や足が意味のないよけいな動きをしていて，話を聞いている方は気が散る，いつも教室の片方ばかりに体を向けていて，反対側の子は注目されていないように感じる，など，体の動きに問題があることもあります。自分の話し方を録画してチェックしてみることも大切です。

余分な，言わなくてもいい言葉をぽろぽろ混ぜてしまう話し方も，聞いている方は混乱します。黒板によけいなことを書いたり貼ったりしないで，すっきり整理するのと同じように，子どもたちの前での話し言葉も，不要な言葉はカットして，すっきりわかりやすくしましょう。

ただ，黒板の文字と違い，話し言葉は消えてしまうので，聞き逃すとわからなくなります。いきなり冒頭に大切な言葉を入れて話すと，聞き逃す恐れがあるので，「わあ，すてき！」など，最初に感嘆詞などを言って注目させてから，伝えたいことを話すと安心です。

教師の言葉が教材

教師の話し言葉は，それ自体が子どもたちにとって大切な教材であるという側面もあります。

子どもたちの語彙が乏しいことはよく指摘されています。子どもたちの語彙を豊かにすることで，表現する力も豊かになり，聞く力も読む力も育ちます。また，自分の気持ちを的確に伝える言葉が増えれば，感情のコントロールやコミュニケーションもうまくなります。

そのためには，１年生にもわかる言葉を選び抜いて話すと同時に，知ってほしい，使えるようになってほしい言葉も意識的に使いたいものです。

例えば，「たちまち」という言葉を知ってほしいのであれば，「わあ，あっという間にきれいになったね。たちまちきれいになりましたよ」と，似たような言葉に続けて使います。他にも，オノマトペと一緒に使う，動作をしながら言う，などの手立てで意味が伝わるように工夫しながら，日常生活の中でさまざまな言葉を使い，子どもたちに触れさせましょう。

１年生は「ダ行」と「ラ行」など，音を混同して，話すときも書くときも間違えていることがよくあります。教師が明瞭な発音で話すことも，大切な手立てになります。

不適切な言動は学びのチャンスに

適切な行動にプラスの言葉をかけたいけど，不適切な行動をする子たちが気になって，どうしても注意ばかりになってしまう…そうですよね！　よくわかります…。

不適切な行動を注意するのではなく，その不適切な行動をしていない子たちに注目して，適切な行動に対してプラスの言葉をかけましょう。それだけで，はっと気づいて不適切な行動をやめる子もいます。そっちの方が注目してもらえるからです。

それでも不適切な行動が止まらない子には，決して負の感情を込めないで，冷静に声をかけます。「今，本気でがんばっていたかな？」「さっきみたいにしていたら，どんなことが起きるかな」「どうすればよかった？」「これから，どうしたい？」。こっちがお説教するのではなく，問いかけて，全部本人に言ってもらいましょう。答えたら「すごい。よく考えているんですね」「自分を振り返るのって，勇気がいることですよ。かっこいい！」「なるほど，それはいい考えだね」と，プラスの言葉をばんばん返すだけです。何かいい発見があれば，その子の了解を取って，みんなに紹介してもいいでしょう。１人の失敗から，みんなが学ぶことができます。

大事なのはその後です。「これから〜したい」と言ったことを実際にやっているところを見逃さないで「自分が言ったことを忘れずにやったんだね。かっこいいなあ！」とすかさず声をかけます。

不適切な行動は，学びのチャンスととらえましょう。

迷ったときは

この場面で，この子に，この言葉かけでよいのだろうか…と迷うことがあります。そんなとき，私は，その言葉を言われた子が，次の２つのことを思うかどうかをチェックしています。

①自分には能力がある。
②人々は（その言葉を言った人は）仲間だ。

どちらか一方でも当てはまらないなら，その言葉は言わないでおこうと判断し，別の言葉を考えます。

これは，アドラー心理学で教わったことの１つで，ずっと大切にしていることです。

第1章

日常の場面で使える言葉

日常の場面

1 基本の言葉

ありがとう。

☑「ごめん」より「ありがとう」

まず，基本の言葉として使いたいのは「ありがとう」です。学校に来てくれているだけで「ありがとう」です。

「ありがとう」を担任が使っていると，子どもたちも自然に「ありがとう」を言い合うようになります。

子どもたちに「ごめんね」と言いたい場面で，できそうなら，「ありがとう」に言い換えてみましょう。これは，私が子育ての最中に心がけていたことです。つい「遅くなってごめんね」などと言ってしまうけど，「ごめんね」と言われた子は自分がかわいそうな子だと思ってしまう，と新聞か何かに書いてあるのを読んで，はっとし，どう言い換えればいいのか考えて見つけた技です。

「待たせてごめんね」なら，「待っててくれて，ありがとう。おかげで，熱が出た○○さんのおうちの人にお迎えをお願いできましたよ」。「○○ができなくてごめんね」なら，「○○ができなくなったけど，文句も言わずに聞いてくれてありがとう。おかげで先生も元気が出ましたよ」といった具合です。

幼い我が子に「留守番してくれてありがとう。おかげでお母さん，みんなのためにこんないい仕事ができたよ」と話すと，笑顔で聞いてくれていたものです。きっと，母の役に立てた，と感じて，誇らしく思ってくれたのではないかと思います。

日常の場面

2 基本の言葉

うれしいな。

☑仲間として喜びを伝える

「ありがとう」と並ぶ，基本的に使いたい言葉です。

「みんなに会えてうれしいなあ」「今日も来てくれてうれしいな」「こんなことができるようになったんだね。うれしいね」「みんなで一緒においしい給食が食べられてうれしいなあ」「今日もみんなのかっこいいところをいっぱい見せてもらえてうれしかったよ」……朝から帰るまで「うれしい」１つで何とかいけそうなくらいです。

縦の関係の中で，上からごほうびとしてほめているのではなく，横の関係の中で，ともに生きる仲間の１人として一緒に喜んでいますよ，という感覚を，「うれしい」という言葉を使うことで意識しやすくなるのではないかと思います。

「うれしい」を探していると，子どもたちの輝きを見つけ出す目がだんだん磨かれていきます。以前と比べることで成長を見出したり，いつもの姿を当たり前と思わないで，改めて「うれしいな」と思ったりできるようになります。自分自身の生活においても「うれしい」探しの修行を続けていると，世界が少しずつ変わって見えてきます。ひどいことを言われた，かわいそうな私，と思っていたけど，そのとき一緒に悲しんだり憤ったりしてくれた人がいたことに気づいて，「悲しいエピソード」を「うれしいエピソード」に書き換える，といった具合に。お試しを。

日常の場面

3 基本の言葉

力がつく。
力を使う。

☑力を自覚させる

「この学習で，話を正しく聞いたり伝えたりする力をつけたら，大人になったときにいろんな素敵なことを伝え合うことができますよね」というように，その活動でどんな力がつくか，その力は今，あるいは将来，どんな風に使えるか，ということを日常的に話していたら，子どもたちも「力がつく」という表現を使うようになりました。というより，子どもたちの書いた文に「力がついた」という表現がよく出てくるので，かっこいいなあと思い，よくよく考えたら，自分が言っていたことに気がついたのでした。

さらに大事にしたいのは，「こんな力がつくよ」「〜する力がついたね」と話していた力を実際に子どもたちが使ったとき，見逃さないで，「今，あの力を使いましたね」と指摘することです。これは，アンテナを高くしていないと見えません。なぜなら，１年生たちがつける力は，基本的な当たり前のものばかりで，けっして特別な難しいことではないからです。うまくできていないと目立つけれど，できたら当たり前すぎて見逃されてしまいがちです。

この力を使いそうな場面だな，と意識しておき，ぱっと見つけてさっとすくい上げます。**子どもたちも，自分たちが学習で身につけた力を使っていることを自覚すれば，次第に，力を活用しよう，〜をするために力をつけようという意識をもつと思います。**

日常の場面

4 基本の言葉

がんばっているね。／がんばったね。

☑「た」が「て」だとがっくり……

たった1字の違いですが，**「がんばってね」と「がんばったね」では，言われた側が感じる気持ちは大きく異なります。**

若い頃，1人暮らしをしていた私のアパートに，きれいなフラワーアレンジメントが届いたことがありました。今は亡き母が，誕生日のお祝いに，贈ってくれたのです。私は花が大好きなので，とても感激しました。ただ，添えられたメッセージカードに「がんばってね」と書かれていたのを見たとき，うれしさでいっぱいにふくらんでいた気持ちが，しゅうっとしぼんでいくのを感じました。「学校の仕事も，1人暮らしの生活も，私は精一杯がんばっているのに，がんばっているように思えないのかなあ，もっとがんばれっていうことかなあ……」と思ってしまったのです。優しい母は，私ががんばっていることは百も承知で，ただ応援のメッセージとして書いてくれたのだと，頭ではわかっていたのですが……。「がんばっているね」だったら，素直に喜べたことでしょう。

それ以来，「て」と「た」を意識して使うよう気をつけるようになりました。「がんばってね」と「がんばったね」「がんばっているね」の違いを実感させてくれた母のプレゼントは，結果的にとてもありがたい贈り物になりました。(お母さん，ありがとう……)

日常の場面

5 基本の言葉

すてき！
すごい！
かっこいい！

☑使える言葉をいくつかもっておく

子どもたちのがんばりを見つけたときに使える言葉のバリエーションがあると，言われた方もうれしいと思います。「すてき！」「すごい！」「かっこいい！」「すばらしい！」は何かと使えるので愛用しています。「きれい！」「美しい！」も姿勢や字，作品などに使えます。

プールに静かに入るお手本を見せてくださった先生の所作があまりにエレガントだったので，「エレガントですね！」と言ったら，子どもたちも，それはそれはエレガントにプールに入り，それ以来「エレガント」を多用したこともありました。

「かわいい」は少し注意が必要です。次男が幼い頃，同級生からもかわいいと言われるほどかわいくて，思わず「かわいい！」と言ってしまうと，彼はむくれて「かわいいじゃないもん！　かっこいいだもん！」と抗議したものです（それがまたかわいくて，頬が緩むのを必死でこらえ，「ごめんね！　かっこいいの言い間違いです！」と言ったものでした……)。子どもたちは自分を大人の仲間だと思っているので，「かわいい」という言葉は「子ども扱いされた」と感じてうれしくない場合もあるのです。作品や，身につけている物，あるいは容姿などについて，本人が「かわいいと言ってほしい」と思っている場合は別ですが，そうでない場合は安易に使わない方が無難です。

日常の場面

6 登校

おはようございます!
がんばってよく来たね。

☑ とにかく来ただけで花丸！

１年生にとって，小学校に行くということは，相当たいへんなことです。

なじみのない場所に来て，なじみのない先生たちに次々とやることを指示され，時間を区切られ，どうかすると周囲の子どもたちも知らない人，という状況で，なかよくするよう求められ，子どもによっては延々と歩いたり，学童保育に行ったりして，やっと家に帰ると「どうだった？」と聞かれ，「手紙を出して！」「宿題やった？」とせかされ，宿題とやらをやっていると「そこ，間違ってる」と渋い顔をされ，「明日もがんばってね！」と激励され，……。

改めて考えてみると，数年前まで赤ちゃんだった身で，よくがんばっているものです。新しい環境に適応する経験を積んだ大人だって，慣れない職場や初めての仕事では，何をするにもいちいちストレスを感じるというのに。

入学後，次々と「お母さんがいい……」と泣く子が現れるのも当然です。学校では平気そうにしていても，実は毎朝，おうちの人にしがみついて泣いていた，と後で聞かされるケースも意外と多いものです。

「おはようございます」も言わないでぬうっと入って来ようが，廊下を走って入って来ようが，その子にとっては精一杯のがんばりです。**まずは，学校に来たというだけで「すごい！」と受け止め，笑顔で迎えましょう。**

日常の場面

7 登校

おはようございます。
いいあいさつだなあ。

☑あいさつできなくても当たり前

入学したばかりの頃，「おはようございます！」と元気よく言いながら教室に入って来る１年生ばかりではありません。緊張した面持ちで黙って入って来る子や，すうっと担任のそばまで来て，「おはようございます」とささやく子がけっこういるのです。「ちゃんとあいさつしなさい！」と注意してはいけません。まだ，周囲の新しい友だちや「学級」という集団を認識していないだけなのです。

黙って入って来る姿を当然のことと受け止めましょう。むしろ「おはようございます！」と言いながら入ってくる子がいたら，「おはようございます」と返し，「いいあいさつだなあ」と付け加えましょう。

数日たって時間が取れたら，朝教室に入ってくるときのお稽古をみんなでします。数人ずつ交代でエアかばんを背負って廊下に出て，元気よく「おはようございます！」と入って来ます。他の人たちはそれに「おはようございます」と返事をします。平気そうな人を選んで「お返事してもらってどうだった？」とインタビューし，「お返事してくれるとうれしい」ということを押さえます。翌朝からはあいさつしながら入ってくる人，それに返事をする人が増えてくるので，口が忙しくなりますが「いいあいさつだね」「すてきなあいさつだなあ」などと連射しましょう。朝の教室に気持ちのよいあいさつがあふれます。

日常の場面

8 かばんの片付け

うわっ！

動きが速い！

☑ 注意より，がんばっている子に声かけを

登校してきたら，かばんの中からいろいろな物を出し，提出したり引き出しにしまったりと，片付けないといけません。これが，なかなか至難の業。しゃべったり席から離れて遊んだりして一向に片付かない人，ぼうっとして，そこだけ時間の流れが停滞している人……。

「早く片付けようね」と**注意するのも必要ですが，それよりも意識したいのが，がんばって素早く片付けている人への声かけ**です。

どうしてもふざけて走り回ったりしゃべったりしている人たちに目が向いてしまいますが，黙々とがんばっている人もいるはずです。なるべくそういう人を見つけて「うわっ，動きが速い！」と言いましょう。それを聞いて，自分もがんばろうとする人がきっといます。

「○○さん，動きが速いね」などと名前は呼ばない方がいいです。こちらが見逃しているだけで，他にもがんばっている人はいるかもしれません。呼ばれないと，がっかりしたり「先生，見て見て」のアピールを始めたりします。うっかり１人の名前を言うと，「私もがんばってますよ！」と期待に満ちた目で熱い視線を送ってくる子たちの名前も次々と言わなくてはならなくなるのでたいへんです。がんばっている子たちに視線と微笑みを送りながら，「わあ，すごいね！」とシャワーのように声をかけましょう。

日常の場面

9 かばんの片付け

えっ！　もうできたの？
早っ！

☑かばんを見せに来させて声かけを

そうはいっても，入学間もない１年生の朝は，阿鼻叫喚，カオス極まる世界です。「お母さんがいい～！」と号泣する子，ぼんやりして動かない子，そんな子たちの対応に追われて，がんばっている子たちに心を向ける余裕がないこともしばしばです。そこで，必要なくなるまでは，かばんが空になったら先生のそばに行って中身を見せる，というお約束にしておくと便利です。見せに来た子に「えっ！もうできたの？　早っ！」と声をかければいいのです。先生をびっくりさせることができて，得意そうな笑顔になります。１年生のがんばりに声をかけたくても，忙しくてできない状況であれば，**必ず声をかけられるシステムを作ればいい**のです。早くない人にも，「上手に片付けたね」「自分でがんばったね」，友だちに手伝ってもらった人にも「親切な友だちがいていいね。お礼言った？　お礼が言えてすてき！」などと，もれなく言葉がかけられます。

最初のうちは，かばんから出し忘れたり，どこに出したらいいかわからなくて，入れたままにしたりしている物が往々にしてあります。保護者に「○○を持たせてください」と連絡したら「持たせたのにそのまま持ち帰ってます」と返されることもありますが，いちいちロッカーにかばんの中をチェックしに行くのもたいへんです。見せに来るようにすれば，残っている物も簡単に発見できます。

日常の場面

10 健康観察

わあ、いい声だね。

☑ 健康観察で確実に1人1人に言葉を

クラスの子どもが30人もいて，頭の中は「さっきのあの子とあの子のトラブルは早いうちに全体にも指導しておきたいな」「○○さんは今日の下校チームが変更，早く一覧表に書いておかないと」「お母さんから離れるときに号泣したあの子は，すぐ落ち着いたけど，お母さんは今頃心配でたまらないだろうな。早めに電話しよう」「泣いている友だちのかばんをそっと片付けてくれた子の優しさについても何か話をしておきたいな」など様々な付箋であふれていて，そして時間に追われていると，あわただしく下校させて一息ついたとき，「あれ，あの子に，今日プラスの言葉を何も言ってなかったかも…」ということが，どうしても起きてしまいます。教室を飛び出す，友だちに手を出すなど目が離せない子や，声かけをし続けないと止まってしまう子がいるとなおさらです。

そう考えると，**朝の健康観察は，確実に1人1人の名前を呼び，声をかけることができる，ありがたい時間**です。「○○さん」「はい，元気です！」の後に，「わあ，いい声だね」などと，笑顔で言葉を付け加えましょう。

1年生は，まだ自分の体調をうまく伝えられないので，「いつもと違って元気がないな？」などと健康状態を観察する時間ですが，**「先生はあなたを大切に思っていますよ」と伝える時間としても活用**しましょう。

日常の場面

11 健康観察

よく響いたね。

☑「大きな声」ではなく，「響く声」を

健康観察で毎日１人１人に伝える言葉は，形式的にならないようにしたいものです。おざなりにかけた言葉だな，ということは，子どもにだって，いや，子どもだからこそかもしれません，見抜かれてしまいます。**その時間のその子の様子をよく観察して，心から「すてき！」と思えるポイントを見つけて，声をかけましょう。**そのためには，なるべくたくさんの「すてき！」のバリエーションをもっておくことです。

１年生の中には，張り切って朝から大声で返事をする子たちもいます。でも「大きな声だね。すごいぞ！」と言うと，負けじと大声を出す子が出てきて，そうするとこっちもさらに「うわあ，すっごい大きな声だね！」と言わざるを得なくなります。「なんであの子だけほめられるの？」と，不公平だと感じさせるのは避けたいからです。そうすると，どんどん大声で怒鳴る子たちが増えてきて，中にはそれを面白がる子たちもいて，怒鳴り声競争になってしまいます。怒鳴り声が苦手な子もいますから，そういう事態は望ましくないです。

そこで，「よく響いたね」と言うようにしています。怒鳴らなくても，体の力を抜き，響かせるように発声すれば，ちゃんと声は遠くまで届きます。先生自身が，日々，お手本となる発声で話すことが大事です。

日常の場面

12 健康観察

校長室まで届いているよ。

☑ 声を響かせる先をイメージさせる

怒鳴らないでよく響く声で返事ができる子が増えてくると，「ああ，声がよく響きましたね。校長室まで届いていますよ」という言い方もできます。

声の大きさというのは，発声する人からしてみれば，抽象的なものさしで測れるものではなく，**「あの人に聞いてほしい」「あそこにいるあの人に話しかけたい」という具体的な距離感を伴うイメージでコントロール**するものだと思います。「～まで届く」という言葉には，そんな発声のイメージをもってほしいという思いも込めています。

バリエーションとして，「○年生の教室まで」「アサガオまで」なども使えます。「おうちの人まで」は言わない方が賢明です。「おうちに帰りたい」「お母さんに会いたい」という思いを必死でねじ伏せて教室にいる１年生は少なからずいるので，せっかく忘れていたのを思い出させてしまうのは得策ではありません。

もし，協力してくれそうな校長先生や級外の先生がいらっしゃったら，事前にお願いしておいて，教室を通りかかったときにでも「この頃，朝，○○室までみんなの『はい，元気です』が聞こえていますよ。よく声が響いていますね」などと１年生に声をかけていただきましょう。担任の先生以外の先生からかけてもらう言葉のうれしさは，また格別です。

日常の場面

13 健康観察

一番目はどきどきするのに、
お手本をしてくれて
ありがとう。

☑最初に呼ばれる子もすごい

私の勤務校では，健康観察で，あいうえお順の出席番号順に名前を呼んでいます。

私自身は，小学生のとき出席順が生まれ順で，４月生まれだったので，いつも先頭でした。背の順でもほとんどいつもいちばん前だったので，新しいことをするときの緊張感といったら半端ではありませんでした。あれこれ考えて，緊張してしまう子だったのです。みんなから一挙手一投足を注目されるのも苦手でした。だから，いつも最初に名前を呼ばれる子が堂々と返事をしてくれると，「すごいなあ。ありがたいなあ」と心から感心します。それで，たまに「ねえ，みんな，**最初に呼ばれるのって，きっとどきどきするよね。**でも，○○さんは，かっこよくお返事して，お手本になってくれるよね。どう思う？」と問いかけ，みんなで「すごい！」と拍手しています。

もし，毎回最初に呼ばれる子が緊張感の強い子で，**負荷が大きいようであれば，背の順や席順などに変えて**呼んでもいいと思います。なんなら健康観察用の特別な順番を作ったって，元の健康観察の名簿に正しく転記できればいいのではないでしょうか。健康観察簿に転記するのが煩雑であれば，健康観察の名簿の下から呼ぶ，途中で半分に切って後半から呼び，続けて前半を呼ぶ，といった方法も考えられます。

日常の場面

14 健康観察

いい姿勢だね。
腕がぴんと伸びてて
かっこいい。

☑ 姿勢にも注目

元気よく返事ができる子ばかりではありません。蚊の鳴くような声しか出せない人もいます。

でも，大丈夫。すてきなのは声だけではありません。姿勢にも注目しましょう。

「いい姿勢だね」だけでもいいですが，**さらによく観察して，どこが「いい姿勢」なのか見つけて**「腕がぴんと伸びていてかっこいい」というように**具体的に**言えば，説得力が増し，バリエーションもさらに広がります。

聞いていて，自分も姿勢をよくしようと思った子も，言葉が具体的だとまねしやすくなります。例えば，「足が床にしっかりついているね」と声をかけると，多くの子がさっと足を床につけます。「よい姿勢をしましょう」と言わなくても，よい姿勢の人がどんどん増えていきます。

他にも，「指先までまっすぐで美しい」「背中が伸びていてきれい」などの言い方があります。

「姿勢がいいから声がよく響くんだね」「いい姿勢だから大きく見えるよ」など，いい姿勢の効果を付け加えてもいいでしょう。

朝の限られた時間にぽんぽんと名前を呼ぶので，つい言葉に詰まることもあるかもしれません。そんなときは，「……姿勢がかっこいいなあ……」「……美しい姿勢ですね……」と感極まったように言うのも効果的です。

日常の場面

15 健康観察

すごい！　友だちの方を
見ているね。友だちを
大事にしているんだね。

☑ 呼ばれている友だちに注目させる

健康観察で他の人が呼ばれているときに，よそ見をしたり隣の子としゃべったりするのは，いい感じはしません。そこで，子どもたちに，こんな話をします。

「健康観察は，先生が，みんなが元気かどうか確かめます。もし，具合の悪い人が多かったら，今日は外で楽しいことをしようと思ってたけど，やめなくちゃ，というように，みんなの様子で計画を変えることもありますからね。でも，確かめるのは先生だけではありません。みんなもです。だって，もし，元気のなさそうな人がいたら，『○○さんは具合が悪そうだから，休憩時間に一緒に遊ぼうと思っていたけど，今日は誘わないで休ませてあげよう』とか，『給食のときに当番の仕事を手伝ってあげようかな』というように，助けてあげられるでしょう。お休みの人がいるときだって，しゃべっていて誰が休みかわからなかったら，どう？　自分が休んだときに，『あれ？　○○さん休みだっけ』『さあ？』なんて，いいですか？」

その後で健康観察をしながら「すごい！　友だちの方を見ているね。友だちを大事にしているんだね」などと声をかけると，さっと体の向きを変えて，友だちに注目しようとする子が増えていきます。後ろの席の子が呼ばれたときは，特にチャンスです。これを丁寧に積み重ねると，**授業中の友だちの発言を聞く態度が変わっていきます。**

日常の場面

16 健康観察

えっ！
次の人を覚えているの？
本当に友だちを
大事にしているんだね。

☑「友だちを大事にするクラス」

健康観察で友だちが呼ばれているときに，体の向きを変えて注目する人に「友だちをちゃんと見ているんだね。友だちを大事にしているんだね」と声をかけていると，同じように体を向ける人が増えていきます。

最初は友だちの「はい，元気です」という声を聞いて，体を動かし，高々と挙げた手を見てその子だと認識していたのが，だんだん席を覚え，担任が名前を呼ぶ声に合わせて，その子の返事を待たずに向きを変える子が出てきます。そういった姿に気づいたら，「あれっ，もうお友だちの席を覚えたの？　すごいね。みんな，友だちを大切にしていてすてきだね」と，声をかけます。すると，子どもたちはますます張り切って，さっと友だちの方を向くようになります。ぱっ，ぱっ，と向きを変えるのを面白がっている子もいます。テニスの観戦みたいな情景になります。

やがて，子どもたちは順番を覚えて，担任が呼ぶ前に次は○○さんだな，と次の子に体を向けるようになります。得意そうな表情で，子どもたちが次の子に体を向け，見守っている様子はなかなかすてきです。担任はびっくりした顔でこう言わなければなりません。「えっ！　次の人を覚えているの？　本当に友だちを大事にしているんだね」

自分たちは友だちを大事にしている１年○組なんだ，というイメージが，きっと心に宿ると思います。

日常の場面

17 健康観察

がんばって来たね。

☑ここにいることがすごい

健康観察で，どうしても返事ができない子もいます。場面緘黙の子，緊張が強すぎてなかなか声が出せない子，ふだんは返事ができるのに，「お母さあん……」と大泣きしてそれどころではない子，家を出るときに叱られてすねてしまった子，いろいろです。うう，困った，と眉をひそめたり，ため息をついたりしたくなるかもしれませんが，それでは，他の子たちもその子をそんな目で見るようになってしまいます。

返事をしなければならないとわかっているのに言えない，そんないっぱいいっぱいの状態なのに，ここに来ている……それは，とてもすごいことだと思います。勇気を振りしぼって来たのかもしれません。そう思うと，ここは，よく来たね，がんばったね，という気持ちを全身で伝えたいではありませんか。

名前を呼んで，にっこり微笑んで，「がんばって来たね」と声をかけましょう。

どうしても離れられなくて，お母さんにそばにいていただく場合もあります。こっちも内心困っていますが，当のお母さんは「何でうちの子だけ……」と，いたたまれない気持ちでいっぱいです。そんなときは健康観察の最後に「○○さんのお母さん」と呼びましょう。「大丈夫。ここにいてくださっていいんですよ」というメッセージです。

日常の場面

18 健康観察

早く元気になるように
パワーを送ってあげて。

☑その場にいない子に思いを

病気で欠席の人がいる場合は，「早く元気になるように，みんなのパワーを送ってあげてね」と言っています。子どもたちは，一心に祈ったり，目をつぶって念じたりしています。そんな姿を見ていると，届くかどうかは別として，**その場にいない友だちのことを思う一瞬は，その子にとっても，相手にとっても，きっと意味のある大切な時間**なのだと思います。後で，欠席した子の保護者に電話で様子を聞くときに，「みんな心配して，早く元気になるように念じていましたよ」と伝えると，電話の向こうで笑顔になられた気配が感じられます。おうちの人が笑顔になって，「ああ，うちの子をクラスのお友だちは待ってくれているんだな」と思ってくださったら，それはきっとその子に伝わるでしょうし，「学校に行ってみんなに会いたい」と思ってくれるかもしれません。

ロシア出身の子が入学するはずだったのに，一時帰国中に情勢が悪化して，何か月も帰って来られなくなったことがありました。毎朝，健康観察でその子の名を呼び，「早く会いたいね」と言いました。そのうち，「楽しいね」とか「おいしいね」などと言うたびに，誰かが必ず「〇〇さんもいたらよかったなあ」と，まだ見ぬその子の名前を言うようになりました。やっと帰国したとき，すぐになかよくなったのは言うまでもありません。

日常の場面

19 健康観察

がんばって
好き嫌いしないで
食べていたからだね。

☑元気になってすごい

病気で欠席していた子の保護者に電話をして様子を聞いたときに，元気になっているようであれば，「がんばって，好き嫌いしないで食べていたからだね，と言ってあげてください」と伝えています。その子の日頃の給食時間の様子を思い浮かべて，「苦手な物も食べていた」「しっかりお代わりして食べていた」などと表現は変わります。

次の日，無事登校してきたその子の名を健康観察で呼ぶとき，「元気になってよかったね」とみんなで拍手し，「何で元気になったかわかる？　○○さん，この頃給食で苦手な物があってもがんばって食べていたじゃない？」と話すと，「ああ，なるほど」と感心してくれます。そのうち，「何で○○さんは元気になったかわかる？」と聞くと，「給食をいっぱい食べたから！」「野菜をがんばって食べてたから！」などと子どもたちが自信たっぷりに言うようになります。

元気になったことを本人のお手柄として讃えるのは，なんだかうれしいことです。また，日頃，給食時間に「食べると大きくなるよ」「この野菜は病気を防ぐんだよ」などと言っても，目に見えて大きくなるわけではないし，効き目が見えるわけではないので実感しにくいのですが，こんな場面で言葉にすることで納得すれば，またがんばって食べようという意欲につながると思います。

日常の場面

20 給食

この後、おしゃべりすると、
どうなると思う？

☑急がなきゃと思わせる

限られた時間でしっかり食べさせたい給食時間，早く準備をしてほしいのに，給食当番がなかなかそろわない……。探すと，教室の後ろでおしゃべり，手洗い場でじゃれ合い，トイレでおふざけ，あと１人はどこ？　……廊下でぼんやり……！　「早くしなさあああい！」と金切り声が頭のてっぺんから飛び出しそうになりますが，落ち着いて。給食前に怒るのは厳禁です。確実に，子どもたちの食欲が失せてしまいます。

担任１人が焦るのではなく，この焦りを子どもたちにも共有してもらいましょう。

準備を始める前に問いかけます。「この後，何をするの？」「給食の準備！」「そう。この後，おしゃべりをするとどうなると思う？」「準備が遅くなる」「廊下やトイレでふざけたら？」「けんかしたり，怪我したりするかも！」「たいへん！　ますます準備が？」「遅くなっちゃう！」「準備が遅くなると，『いただきます』が？」「遅くなる」「『いただきます』が遅くなると？」「『ごちそうさま』も遅くなる」「残菜も？」「増える！」「調理場のみなさんは？」「がっかりする」「たいへん！　『ごちそうさま』が遅くなると，休憩時間が？」「遅くなる」「ということは，遊べ……」「遊べなくなる！」「さあ，みなさん，今からどうしますか？」「黙って早く準備する！」「はい，どうぞ！」

日常の場面

21 給食

お腹すいた人！
早く食べたい人！
当番さん、よろしく！

☑食べたいという気持ちをあおる

「食べた分だけ大きくなるよ」と子どもたちに言いますが，実際，身長の伸びの平均値をチェックしてみたら，比較的数値の高い学年は，みんな残菜が少ない学年で，やっぱりなあ，と感心したことがあります。

しっかり食べさせるためには，午前中に楽しい学習をして，いっぱい笑って，夢中になって，いっぱい考えて，満足して，「ああ，楽しかった！」と思わせるのがいちばんです。そうすれば自然と「お腹すいたなあ，早く食べたいなあ」という言葉が出てきます。なるべく給食前にはそういう学習ができるよう意識しましょう。

そうはいっても，いつもそううまくいくわけではありません。思い通りにはいかないのが授業です。せめて，給食の準備を始める前に，なんとなくそんな気分になるよう盛り上げましょう。

勢いよく手を挙げながら，笑顔で「お腹すいた人！」「はいっ！」。つられて手が挙がります。さらにテンションを上げて「早く食べたい人！」「はいっ！」「当番さん……よろしくっ！」「はいいっ！」。

給食前に今日のメニューをわくわく感たっぷりに紹介したり，算数の練習問題に今日の給食に出る食品を知らん顔で登場させて，担任が食べるお話にしたり，あの手この手で「食べたい」という気持ちをあおります。

日常の場面

22 給食

〜を食べると〜ですよ。

☑食べるといいことがあるとわからせる

給食を食べ始めても，しっかり食べさせるための戦いはまだまだ，これからです。

食べながら，「あ，今日のサラダにはわかめが入っていますね。わかめは海草ですよね。日本人は世界の中でも長生きなんですよ。長生きの理由の１つが，海草をよく食べているから，と言われているんだって。わかめ，好き？　そう！　じゃあ，きっと長生きできますよ」などと，いろいろな食材について，**これを食べるとこんないいことがある**，という話をします。苦手と感じている子がちょっと食べてみようかと思うかもしれません。特に，この食品は苦手な子が多いかも，と感じたら，食べなくちゃと思ってくれるように話をしましょう。「カルシウムが多いから，きっと歯にいいですよ。今，歯が抜けたり生えかけたりしてる人にお勧めです」「きっと背が伸びますよ」「こういう野菜を食べていないと，怪我の治りが遅いんですって」など，子どもたちの今の状態や気持ちに寄せて話すと効果的です。そのうち「先生，これは，食べるとどんないいことがあるんですか？」と質問されることもあるので，日頃から意識して栄養についての話を蓄えておきましょう。

なお，食物アレルギーで食べられない食品のある子がいる場合は，その子が今日食べる食品の中から同じ栄養が摂れるものを一緒に挙げて紹介するなど，配慮を忘れずに。

日常の場面

23 給食

すごい！　背が伸びるよ！
今夜、早く寝るんだよ。

☑お代わりを喜ぶ

食べる前に自分の今日の食欲と相談して，減らしたい人は減らし，もっと食べたい人は全部食べきってから，お代わりをしに来て，全ての料理を少しずつよそってもらうというルールにしています。

幼い子ほど特に，食べ方が，物事に対する構え方と結びついているように感じます。エネルギッシュで意欲的な子はよく食べるし，好き嫌いの激しい子は初めての活動への抵抗が強いように思います。何事にも覇気のなかった子が夢中になって遊ぶようになったとたん，よく食べるようになったこともあります。健康上の理由で食べ過ぎてはいけない子もいますが，基本的には，しっかり食べることをうれしいこととととらえて，すくすく大きくなってほしいと思います。でも，身近な大人の影響で，たくさん食べることをあまりよいイメージでとらえていないことは１年生でもあります。**お代わりする子にプラスの言葉をかけて，よいイメージを**もたせましょう。

お代わりに来た子にはまず「ええっ！　すごい！」と声をかけます。少しずつ食器に入れながら，「食べた分だけ背が伸びるよ。今夜，早く寝るんだよ。きっと大きくなるからね」とうれしそうに話します。その様子を見て後に続く子たちがいますから，「わあ，すごい！　うれしいね！」と大歓迎しましょう。

24 給食

すごい！　背が伸びるよ！
先生を越しちゃうかも。

☑楽しい雰囲気を

お代わりする子の食器にちょっとずつご飯やおかずをよそいながら，こんな言葉もかけています。

「すごいねえ。うれしいねえ。○○さん，きっと大きくなるよ。今に，先生を追い越しちゃうかも。どうする？先生より大きくなったら」と，ここでちょっと膝を曲げ気味にしてはるか上の方を見上げながら「先生が『○○さあん！』って下から呼ぶから」と，今度は背を伸ばして，うんと下を見下ろしながら「○○さんは上から『先生～』って呼んでね」１年生はくすくすうれしそうに笑ってくれます。

給食時間に気持ちのいい笑いが出たらしめたもの，いい感じでよく食べてくれます。おふざけが過ぎない程度に楽しい雰囲気を作りましょう。

次々とお代わり希望の子が続くときに，「すごい！　お代わり軍団……」と目を丸くしたり，お代わり待ちの行列ができているのにわざと気づかないふりをして食器におかずを入れ，ふっと顔を上げて「ええっ！　びっくりした！」と大げさに驚いたり……うれしくなって，また次の子が列に並びます。

「サラダはあと３人分かな。さあ，先着３名様！」といったあおり方もあります。でも，調子に乗って食べ過ぎることがないよう，見守ることも必要です。

25 給食

へへ～ん。
怖くないもんね～。
食べられるもんなら
食べてみ、あっ。

☑ 苦手な食べ物は楽しく挑発

苦手な食べ物があって，食べられそうにない人は，最初にうんと減らして，これくらいならがんばれるかも，と思わせた方がうまくいきます。「もしかしたら，今日がナスを食べられるナス記念日になるかもしれないよ。ちょっとでも食べたら，教えてね」と言っておき，少しでも食べたら「すごい！　ナスを食べたの？　じゃあ，今日はあなたのナス記念日だね。みんな，聞いて！　○○さんは，苦手なナスを食べたんだって！　どう思う？」と讃えます。「私だって苦手な物を食べたよ……」と思う子もいますから，「○○さんみたいに，苦手な物を食べた人？」と手を挙げさせ，「すごい！」とみんなで拍手を送りましょう。

あと少しなのに箸が動かないときは，その子の箸を借りてその食べ物をほんのちょっとだけつまみ，その子の前でひらひらさせながら，**食べ物になりきって**「へへ～ん。怖くないもんね～。どうせ食べないもんね。ほれほれ。」と**挑発します**。うまく乗ってくれるとぱくっと食べてくれます。「食べられるもんなら食べてみ，あっ」とせりふの途中で食べられた感じにすると，１年生は大喜び。次はもう少し多く取って「ふん。俺くらい大きいと，食べられな，あっ」「ふははは，これならどうだ。ぜった，あ」「さすがに俺様は食べ，あ」気づくと空っぽです。

乗ってこないときは，潔く引き下がりましょう。

日常の場面

26 給食

さあ、次にゴールするのは誰だ？
おおっと、○○選手、勢いがすごい！

☑楽しくあおってその気にさせる

がんばって給食を食べていたけれど，集中が続かないのが1年生，しゃべったり遊んだりしているうちに時間がたって，もう食べることに飽きてしまっている，というのはよくあることです。子どもたちの様子，食器に残っている食べ物の量，残された時間をよく見て，まだいけそうと判断したら，あきらめないで，ぎりぎりまでがんばってみましょう。そんなときのとっておきの技です。

「さあ，次にゴールするのは誰だ？　おおっと，○○選手，勢いがすごい！　いや，□□選手も負けていません。食器を手に持っていますからね。いけそうですよ。姿勢と食べる速さは関係がありますね。いい姿勢で食べている△△選手も負けてないですよ。おっと，ここで○○選手，ラストスパートか。すごい！　お，△△選手，口の動きが大きくなってきた，これはすごい！　△△選手，ゴールッ！うおお！」

実況アナウンサーと解説者の両方を1人で演じて盛り上げます。恥ずかしいという感情は，教員になったときにどこかにしまっているはずなので，大丈夫です。熱く語りましょう。子どもたちもその気になってくれます。最近オリンピックに加わった新しい競技には，解説者の話し方がひと味違うものもありますから，今日は～風，と変えてみるのも楽しそうです。

日常の場面

27 掃除

見て！　床が鏡みたい！

☑ がんばった結果に気づかせる

掃除のやり方は，学校によっていろいろ違うと思いますが，掃除という活動が，子どもの心の成長に一役買っているのはどこも同じではないかと思います。自分できれいにすると自信が高まるし，掃除をするたいへんさを身をもって知ることで，汚さないようにしようという意識も生まれます。また，マット運動のとき，マットにつく手の形を，「雑巾がけのときの手」と言うと１年生にも伝わるように，掃除の様々な動きには様々なスポーツの基本的な動きや構えが含まれていると思います。

ただやらされている，ちゃんとやらないと叱られるからしかたなくやっている，という意識でやるのはもったいないです。まずは，**自分たちでやったことがどんなうれしい結果をもたらしているかを実感させましょう。**

例えば，きれいに拭いた床をちょっとしゃがんで見ると，角度によってはぴかぴか光って，鏡のようにロッカーをうっすら映して見えることがあります。そんなときは「みんな，見て！　床が鏡みたい！」と声をかけ，本当にきれいになっていることに気づかせます。「うわ，本当だ！」とますますがんばります。たくさん集めたごみ，磨いて汚れが落ちた手洗い場，きれいに片付けた道具など，どんどん指摘しましょう。写真を撮って掲示しておくのもうれしいです。掃除係が写真を撮るという手もあります。

28 掃除

どうしてこんなに
早くできたのかなあ。

☑うまくいったポイントを確認する

うまくいかなかったときに「どうしてこんなことになったのかな。次はどうしたらいいかな」と振り返るのも大事ですが，うまくできたときにも「どうしてこんなことができたのかな？」と振り返り，**うまくいったポイントを具体的に言葉にしておくと，次も気をつけてやろうという意欲につながります。**失敗したときの反省は楽しくないですが，うまくいったことについて語り合うのはうれしいものです。

例えば掃除が早くできるようになったとき，「すごい！　がんばったね」に「どうしてこんなに早くできたのかなあ」を付け加えてみましょう。

掃除中に「黙って仕事をしていてすごいね」「動きが速い！　かっこいい！」などとしっかり声をかけておくと，たぶん「黙ってやっていたから」「速く動いてたから」といった答えが返ってくることでしょう。こっちが言っていたことですが，知らん顔して「なるほど！　早くできるこつがあるんですね」と大いに感心しましょう。

次も意識させたければ，子どもたちが列挙したこつを紙に書いておくといいです。次の掃除時間には，それを黒板に貼り，「この前は，すごかったよね。みんなが言ってたすごいこつを貼っておくね。今日はどうかな」と言えば，きっとまた張り切ってがんばります。

日常の場面

29 掃除

どの人が
かっこいいですか？
どこがかっこいいと思う？

☑ どこがかっこいいか言わせる

掃除時間，ほうきを振り回して遊んでいる子や，座り込んでおしゃべりに夢中になっている子たちを見つけたときに，こんなやり方もあります。

一所懸命掃除をしている他の子たちの方を向かせ，「どの人がかっこいいですか？」と聞きます。よく見もしないでなかのよい子の名前を言うこともあるので，いやいや，その子は今，ぼうっとして動いてないじゃん，というときは「もう１回よくみんなを見てね。誰がかっこよく掃除をしていますか？」と小声で聞きます。実はまだあまり友だちの名前を覚えていない場合もあるので，怪しければ，手で「かっこいい人」を示してもらいます。「かっこいい人」を答えたら，「どこがかっこいいと思う？」と重ねて聞きます。「……黙ってる」「そうね。かっこいいね。それから？」「遊んでない」「なるほど。よく見ていますね。で，さっきのあなたはどうでしたか？」「……遊んでた」「そう。今から，どうしますか？」「ちゃんとやる」。

ちゃんとやる，というのは叱られた子がよく使う言葉ですが，たいてい，具体的には何も考えていないときに使います。「どんな風にやるの？」「黙って，遊ばないでやります」「わかりました。かっこよくがんばってね」

この会話は「もう１回～」を除いて，他の子たちにも聞こえています。みんな，とてもかっこよく掃除をします。

日常の場面

30 下校

今日がんばった人。
楽しかった人。
明日も元気に来てくれる人。

☑笑顔で帰宅できるように

１年生の下校前はたいへんです。学校によって事情が大きく異なると思いますが，私の今の勤務校では，歩いて帰る子，路線バスに乗る子，隣の学童保育に歩いて行く子，民間の学童保育にお迎えに来てもらう子，保護者が迎えに来る子などいろいろで，特にバスや民間の学童保育を利用する子は時間厳守です。でも，目を離した隙にかばんの用意もせずどこかに行って遊んでいる子たちがいたり，さっきまでしゃべっていたのに何で今になってトイレに行くの，ということがあったり，段取りよくしていたはずが，しまった！　今日は水泳セットを持ち帰らせなければ！とぎりぎりで気がついたり，もうしばらくもつかと思ったのに思いのほか雨雲の動きが速く，帰る間際にざあっと降り始めたり……本当に，余裕がなくなります。つい怒鳴りたくなることもしばしばです。しかし，落ち着いて。ここで怒鳴ってしまうと，１日楽しく過ごしたはずの１年生も，しょんぼりした顔で家に帰ってしまい，「今日，どうだった？」と聞かれて「楽しかった！」とは答えないでしょう。保護者の心にも不安の雲がもくもくと……。いけません。

短時間で，笑顔になってもらって下校できるようにしましょう。「今日がんばった人。楽しかった人。明日も元気に来てくれる人」と笑顔でテンポよく聞いて手を挙げてもらい，つられて笑顔になったところで「さようなら！」

31 姿勢

あら、足がしっかり
床についてる。
これはいい字が書けそうね。

☑とりあえず姿勢を

子どもたちに「がんばっているね。すてきだね」と声をかけたいとき，とりあえず言いやすいのは「いい姿勢だね」です。がんばっている姿を見つけやすいからです。

ひらがなの書き方を指導して，ワークブックに練習するよう指示し，子どもたちが書き始めたときなど，「今のうちに保護者の連絡に返事を書こう！」と座りたくなりますが，特にまだ慣れていない時期は，１人１人を見ないと危険です。間違ったページを開いていないか，下敷きを正しく挟んでいるか，そのほか想定外の間違いをしていないか，様子を見て回る必要があります。最初のうちに丁寧に指導しないと，いつまでたっても定着せず，結局後でいつまでも注意しなければならなくなります。最初にしっかり見て細かく指導すれば，後が楽です。

さて，その際，担任の口を休ませておくのはもったいないです。**とりあえず，「いい姿勢だね」**と言いましょう。姿勢に気をつけていた子はうれしくなります。さらに具体的に「足が床についてる。これはいい字が書けそうね」などと言おうものなら，張り切って字の練習に取り組むことでしょう。**姿勢がよくない人には，注意するより，その隣の子に「姿勢がいいね」と声をかけた方がいい**です。それを聞いてあっと気づき，背中を伸ばした瞬間に「いい姿勢だね」と声をかければいいのです。

日常の場面

32 姿勢

わあ、背中がぴんと
伸びているよ。
もっと大きくなりますよ。

☑ がんばるとこんないいことがある！

「姿勢をよくしましょう」と言うだけでなく，なぜ，姿勢をよくする必要があるのか，姿勢をよくするとどんないいことがあるのかを考えて，子どもたちに伝えましょう。

姿勢に限らず，ただ「〜しなさい」と言うのではなく，**それをがんばることで自分たちにどんなうれしいことがあるのかを教える**ことで，子どもたちも，**先生が見ているからがんばるのではなく，自分や友だちのためにがんばろうと意識する**ようになります。ほめられなくても，自分で「ああ，意味のあることをしたな」と満足できる人は，強い心でいられます。

よい姿勢には，どんなよさがあるのでしょう。姿勢がいいと，大きく見えます。かっこよく見えます。自信がある感じがします。健康にも関係があります。姿勢をよくする健康法だってあります。姿勢が悪いと視力が落ちたり，頭痛や腰痛の原因になったりすることもあるそうです。肺や胃腸の機能障害にもつながるそうで，ということは，子どもの場合，成長にも影響を及ぼします。また，よい姿勢をするだけで気分が前向きになることも報告されています。そういったことを調べて，１年生にどんな言葉で伝えたら納得させられるのか考えて，少しずつ話しましょう。

プラスの言葉を言うときも「背中がぴんと伸びているよ。もっと大きくなりますよ」などと付け加えましょう。

日常の場面

33 姿勢

あら、いい姿勢だね。
この頃字がきれいだと思ったら、それでだったんだ。

☑がんばった結果を見つけて指摘する

いい姿勢は，きれいな字を書くのにも必要です。きれいな字を書くための本を読んでみると，まず正しい姿勢について書いてあります。ひらがなのお稽古を始める1年生にとって「きれいな字を書きたい」というのは共通の願いですから，きれいに書くためにも姿勢は大切，ということを話しておきましょう。

そして実際に，姿勢に気をつけながら，がんばって丁寧に書いている子を見つけたら，「おっ，いい姿勢だね！この頃字がきれいだと思ったら，それでだったんだね」と声をかけましょう。さらに，その子のワークブックを借り，全体に話しかけます。「みんな，一所懸命書いてるときにごめんね。ちょっと見て！　どう？」「わあ，きれい！」「でしょ？　この頃，ますます字がきれいだったんだよね。どうしてかなって不思議に思ってたんだけど，どうしてかわかった！　○○さんの姿勢を見てごらん。どう？」「きれい！」「ね，やっぱり，姿勢がいいと，字もきれいになるんだね」

次の瞬間，みんなが一斉に背中を伸ばします。さあ，片っ端から声をかけましょう。「わあ，いい姿勢！」

がんばったことがちゃんと結果につながっているということは，どんなに小さくても見つけ，指摘しましょう。何よりの勇気づけになります。

日常の場面

34 ほめる（全員）

わあ、かっこいい。
写真撮らせて。

☑ 写真を撮らせて

いい姿勢をしようと意識する子が増え，あるとき学級全体が，いい姿勢をしようとがんばる気持ちでいっぱいになっている，そんな瞬間があります。（きっとあります。たぶんあるでしょう。ありますように！）

そんなときを逃してはいけません。「はっ！」と息を飲み，「うわあ，いい姿勢だなあ……かっこいい……」と言って，しばしうっとりと教室を眺めましょう。「きっとみんな背が伸びるよ。元気になるし，字も上手になるし，大人になったとき，きっと姿勢のいいかっこいい人になるよ……すてきだなあ……」と，それがどんなにすてきなことか語ります。それからまた「はっ！」と気づいて，「ちょっと**写真撮らせて。**みんな，そのまま」と言ってかっこいいみんなの勇姿をカメラに収めましょう。

撮った写真はなるべく早くプリントアウトし，「なんとうつくしいしせい！　６ねんせいみたい！」などと**言葉を書き添えて掲示**しておきましょう。１年生たちは誇らしい気持ちでいっぱいになります。

なかなかそんなすてきな瞬間に出会えないというときは，他の先生に協力してもらい，担任が席を外しているときに「いい姿勢をして，○○先生をびっくりさせちゃおう！」と言ってもらうという裏技もあります。もちろん帰ってきたら「はっ！」と息を飲み，……以下同じ。

日常の場面

35 ほめる（全員）

先生だけ見るのは
もったいない。

☑他の先生と一緒に感心する

みんながとてもかっこいい姿を見せてくれたときには，こんなやり方もあります。

「ちょっと待ってて！　**こんなかっこいい姿を先生１人だけで見るのはもったいない。誰か呼んでくるから待っててね**」と言い置いて他の先生を呼びに行き，協力してくれそうな先生を連れ帰り，一緒に「見てください！　かっこいいでしょう？」「うわあ，本当だ。すごいねえ！」と聞こえよがしに言うのです。１年生は大喜びです。

呼びに行く時間がないときは，誰か他の先生が通りかかったときに，「あっ！　さっきのかっこいい姿を○○先生にも見ていただきましょうよ！」と言って，その先生を教室に連れ込み，「○○先生！　ちょうどいいところに！　聞いてくださいよ。１年○組の人たちったら，すごいんですよ。まあ見てください，このかっこいい姿勢を！」と熱く語る方法もあります。

担任の先生に「すごい！」と言ってもらうのもうれしいけれど，担任以外の先生に感心してもらうのは，「僕たち，本当にかっこいいんだ……」と思えて，よけいうれしいものです。教室をのぞいてくださった先生は，利用しない手は……失礼，協力していただかない手はありません。感心してもらったり，お手本をしていただいたり，一緒に歌ってもらったり……ただでは帰しません。

日常の場面

36 ほめる（全員）

失礼しました……あれ？
ここ1年◯組だよね……
6年教室に来たかと思った。

☑ あまりのかっこよさに驚いてみせる

担任が，用ができてちょっと教室を出て，戻ってきてみたら子どもたちがかっこよくがんばっていた……いい姿勢で座って待っていたとか，課題に取り組んでいたとか，教室がそんな様子だったときは，これでいきましょう。

前の入り口から入ろうとして，ちらっと教室の中を見るやいなや，あわてて「失礼しました」といったん出ます。教室の表示をしげしげと眺め，もう一度おそるおそる入ります。「あれ？　ここ，１年○組だよね…６年教室に来たかと思った。ああ，びっくりした。だって，あんまりかっこいいんだもん」

あくまでも真剣に，真顔で言いましょう。１年生は，もううれしくてたまりません。きっとまた先生をびっくりさせようとがんばります。

こんなやり方もあります。１年生たちがとてもかっこよくがんばったときに，心底感心したといった表情で，言います。「あなたたち，本当に１年生？　６年生じゃないの？」「１年生ですよう」「あ，じゃ，１年生は１年生でも，中学１年生じゃないの？」「中学生じゃないですよ。そんなわけないですよ。小学校１年生ですよお」「いや，だって，すごいよ，みんな……」

本当にもう，先生ったら，といった表情で苦笑しながらも，まんざらでもない様子の１年生たちです。

日常の場面

37 ほめる（全員）

花丸をプレゼントしましょう。はい！　構えて！　それっ！

☑ エア花丸で喜びを表現

「よくがんばったね！」と伝えたいとき，黒板いっぱいに大きな花丸を描いていたことがありました。もちろん1年生は大喜びです。張り切ってまたがんばります。でも，だんだんこっちがくたびれてきました。なにしろ，この前よりがんばったら，前回より大きな花丸を描かなければならないのです。ついうっかりサービスで花丸に葉っぱだの，チョウチョだの，テントウムシだの描き添えてしまおうものなら，もうたいへんです。どんどんエスカレートしてしまい，消すのだって一苦労です。

そこで思いついたのが**エア花丸**です。簡単です。

「かっこいい！　**じゃ，花丸をプレゼントしましょう！**」と，子どもたちの方に向かって指先で目の前にぐるんぐるんと渦巻きを描き，だんだん輪を大きくしていきます。だだだっと動き回って巨大さを表現してもいいですが，体力を温存したい場合は立ったまま，大縄を回すイメージで指の回し方に緩急をつけ，指に合わせて視線を遠くに向けることで，教室より大きな花丸を空中に描き出すことができます。仕上げに花びらを描き，「さあ，渡すよ。受け取ってね。いい？　いくよ。はい！　構えて！　それっ！」いかにも重そうに放って見せます。きゃあきゃあ言って受け取る子たちに「はい，たたんで，たたんで，ポケットに入れて。おうちで見せてあげてね」はい，おしまい！

日常の場面

38 ほめる（全員）

すごいなあ、
先生も見習わなくちゃ。

☑ 尊敬の思いを素直に伝える

みんなの国語の準備が整うのを待っている間に，準備できた人から声をそろえて音読することができるようになってきたときのこと。みんな張り切っていたのか，だんだん加速して，読むスピードがとても速くなりました。すると，ある子が「みんな！　こんなに速いと，読めない人が困るよ！」と声をかけました。すると，音読が止まり，誰からともなく最初から読み直し始め，今度はさっきよりゆっくりした読み方を保って，最後まで声をそろえて読み切ったのです。その間，私は黒板に向かってその時間のための準備をしていて，一言も発することなく，一部始終を背中で聞いていました。教師を続けていてよかった，と涙が出そうになる瞬間が，こうしてたまにあるのですよね。

音読が終わったとき，私は１年生たちの方に向き直り，このできごとをどれほどすばらしいと思ったか語りました。困っている人に気づき，行動したこと，みんなで力を合わせたこと，世界中の大人がこんな行動をしたら，きっと世界は幸せになる……。どうか，たくさん勉強して，いっぱい力をつけて，大人になっても，今日のこの力を使ってほしい……。巨大な八重咲きのエア花丸も贈りました。

１年生たちの姿に，頭が下がる思いがしたとき，尊敬を込めて素直に語りましょう。「尊敬しています」「すごいなあ，先生も見習わなくちゃ」「師匠と呼ばせて」。

39 ほめる（個人）

そこで拍手する
○○さんもすてきだね。

☑子どもたち同士の「すごい！」のために

担任が「わあ，きれいな字！　ちょっと，みんな見て！」と言ったとき，みんなが「おお，すごい！」と思うとは限りません。「いいな，〇〇さんはほめられて」「自分は下手だからあんなことは言ってもらえないな」などと思うのも自然なことです。だからこそ，担任の言葉に思わず拍手をしようとしたり，「すごい！」と感嘆の声をあげたりする子がいたら，それはとても貴重でありがたい存在です。この宝石の原石のような輝きをけっして見逃してはいけません。すかさず「そこで拍手してあげる□□さんも，すてきだね」と，その子にも拍手を送ります。さらに，最初にきれいな字を紹介された子に，「ねえ，さっき□□さんが拍手してくれたとき，どう思った？」とインタビューし，□□さんに「〇〇さん，とってもうれしかったんだって。よかったね」とつなぎます。余裕があれば，「人が『すごいね』と言われたときに，自分が言われたわけじゃないのに拍手して，一緒になって喜べるって，とってもすてきなことなんだよ。だって，自分も相手もみんなも幸せな気持ちになれるでしょう。□□さん，すてきなことを教えてくれてありがとう！」などと解説します。その後はきっと友だちに拍手する姿が少しずつ増えていくので，それらも見落とさないように声をかけて，**子どもたち同士で「すごい！」と言い合える関係を丁寧に育んでいきます。**

日常の場面

40 ほめる（個人）

親切な友だちがいて
うれしいね。

☑ 丁寧に言葉で言い表す

アンケートで「クラスの人は親切にしてくれますか」と問われて，「まったくそう思わない」に丸を付けているけど，えっ？　遅刻したあなたのために，さっきまで友だちが寄ってたかって荷物の片付けを助けてあげていたじゃないですか，今やっていることを優しく丁寧に教えてあげてたじゃないですか，あれは「親切」じゃないのっ？　……と愕然とすることが１年生ではよくあります。で，気がつきました。「親切」という言葉がわかっていないのだと。アンケートに記入させるときにはもちろん「『親切』というのはね……」と説明しますが，ふだん自分がしてもらっている「このこと」と「親切」という言葉が自分の中で結びついていないのです。そこで，親切にしている様子を見かけるたびに「親切な友だちがいてうれしいね」「親切にしてもらってうれしいね」などと意識的に声をかけるようにしました。「親切」の認知が高まったように思います。

言葉は，何かを見たりやったり感じたりしているときに，そばにいる誰かからその何かを言葉にして「これが植木鉢です」「上手に種をまきましたね」「芽が出なくて心配だね」などと**言われることを重ねていくうちに，自分の知っている言葉として獲得されます。**今の子どもたちの語彙が少ないのは，そうした経験が圧倒的に足りていないからだと思います。

日常の場面

41 ほめる（個人）

この〇〇、好きだなあ。

☑「上手」や「すごい」が言えなくても

作品や字を見たときに，１番いいのは，その学習のめあてに関して，できているところを見つけて指摘することだと思いますが，それが言えなければせめて，ねらいとは関係ない部分でも，がんばっているところを見つけ出してプラスの言葉を言いたいものです。気をつけないと，望ましくない方向に後押ししてしまうこともあります。例えば，字をひどく乱雑に書いて，確かめもせず急いで提出した子に対して，「お，早いねえ！」「この字は勢いがあっていいねえ！」と言うと，「これがいいんだ」と思い，次も張り切って，急いで乱雑に書くことでしょう。

そんなことを考えると，とっさに何の言葉も出てこない，苦しい場合もあります。

「がんばって書いたねえ」と取り組んだ姿勢そのものに言及するという手もありますが，「この○○好きだなあ」と言う技もあります。**「好き」は根拠がなくても言えるので，とりあえず「好きだなあ」と言っておいてから，落ち着いて，よさを探しましょう。**「ああ，ここの，払いがきれいにできているんだね。だから好きなのか」などと付け加えると完璧です。

「好き」という言葉は大きな声で言わない方がいいでしょう。他の子が聞いてしまうと，寂しい気持ちになる可能性があります。

42 ほめる（個人）

○○さんの言い方

☑使ってほしい話型を拾う

例えば「～だと思います。わけは，～だからです」といった話型を使ってほしくて，子どもたちに教えたり紙に書いて掲示したりするというやり方は，悪くないと思いますが，あまりわくわくしません。気をつけて子どもたちの発言を聞いていると，「それそれ，それですよ！」と言いたくなるような話し方が出てくることがあります。それを見逃さず，「今の，聞いた？　○○さんがどうしてそう考えたかがよくわかる言い方だよね！」と取り上げ，紙に書いて「○○さんの言い方」と書き添えて掲示しておきましょう。増えてきたら「みんなのお宝言葉コーナー」などと名付けると，さらに楽しくなります。その後も，「○○さんの言い方を使って説明してみましょう」などと活用すると，○○さんはうれしいし，他の人たちも話し方を意識して話すようになるかもしれません。

「隣の人と相談してみよう」と指示したら，ある子が「○○さんの考えも聞かせて」と相手に言っているのが聞こえました。何てすてき！　しびれました。さっそく「○○さんの言い方」として紹介しました。その後，学級全体で，その言い方を使い，隣同士での話し合いが活発化し，言い方のいろんなバリエーションも広がりました。

期待する言い方がなかなか出てこなくても，大丈夫。その言い方を担任が意識的に使えばいいのです。

43 指示・注意

はい。巻き戻しをします。
どうしてでしょう。

☑ にっこり微笑んで問いかける

かっこよくがんばるときばかりではありません。入学したてで学校のお作法がよくわかっていないとき，あるいは慣れてきて当初の緊張が解け，油断し始めたときなどに，静かに教室移動をしたい場面で，しつこくしゃべっている，おしゃべりに夢中になって遅れ，走って追いつこうとする，ふざけて前の子をつつく，といった姿が見られます。入門期こそ，見逃してはいけません。「学校ってこんなもんか」と感じさせてから後で注意したって，互いに嫌な思いをするだけです。でも，「こらっ！　だめでしょ！」と怒鳴ってはいけません。子どもたちが「怒られるからやめる，怒られなければやってもいい」という思考パターンを得てしまうのは望ましいことではありません。また，HSC の子など，怒鳴り声が苦手な子たちもいます。

冷静ににっこり微笑んで「はい。巻き戻しをします」と言って席に座らせるなり，教室に連れ帰るなり，リセットします。落ち着いたところで，「どうして巻き戻しをしたでしょう」と静かに聞きます。**お説教は必要ありません。**子どもたちはちゃんとわかっていて口々に答えます。「そうですよね。では，どうすればよかったですか」これもうなずきながら聞き，「よくわかっていますね。すごい。では，どうぞ」緊張が解けないうちに，すかさず「かっこいい！　さっきと全然違う！」と讃えましょう。

日常の場面

44 指示・注意

何のお話でしたか？

☑子どもたちに言わせる

校長先生のお話を聞いたとか，大事な放送があったとか，といった場面で，本当に聞いてたかな？　わかってるかな？　と，今一度念を押したくなることがあります。

そんなときは，こちらからもう一度話してはいけません。聞いていなかった子は，聞かなくても，どうせ後でまた先生が教えてくれる，と学んでしまいますし，ちゃんと聞いていた子はうんざりしてしまいます。まずいです。

「どんなお話でしたか？」と聞きましょう。いきなり手を挙げさせて「はい，○○さん」と立って言わせるより，まずは座ったまま，わあわあ言わせた方がいいです。指名されて，万一間違ったことを言った場合，その子も見ていた子たちもだんだん手を挙げなくなる可能性があります。口々に言っている様子を見て，あ，ちゃんと聞いていたな，と察したらそのまま「よく聞いていましたね。1つ目は？」とまとめに入ればいいし，誰かにきちんと言わせた方がよさそうなら，わあわあ言っている様子から，言えそうな人を選んで指名すればいいのです。いずれにしても子どもたちが聞いて覚えていたことをもとに黒板に大事なことをまとめ，「すごいね」と感心しましょう。

よく聞いていなかった場合は，どんな聞き方をすればよかったか言わせてから，話して聞かせ，「さっきと聞き方が違う。さすがです」とにっこりしましょう。

日常の場面

45 指示・注意

〜します。
何に気をつけたら
いいですか？

☑気をつけてほしいことを事前に整理する

例えば，並んで図書館に行く場合，歩き始めてから，「静かにしなさいっ！　６年生は勉強中ですっ！　○○さん，走らないっ！　□□さん，絵本袋を頭にかぶりませんっ！」と怒るのは，お互い嫌ですよね。

行動を始める前に，どんな事態が起こりそうか予想し，何に気をつけてほしいか考えましょう。もう授業が始まっているので，隣の教室に迷惑にならないよう静かに歩いてほしい，「廊下は右側を並んで歩きましょう」ということを教えたから，走ったり廊下いっぱいに広がったりしないでほしい，など，整理しておきます。

歩き始める前に，「これから並んで図書館に行きます。６年生の教室の前を通ります。何に気をつけたらいいですか？」と聞いてみましょう。１年生はけっこうわかっていて，ほとんど言ってくれると思いますが，こっちが気をつけてほしいと考えていたことで出てこないことがあれば，「絵本袋はどんな風に持ったらいいですか？」などと補助発問を繰り出します。

気をつけるべきことを余すことなく確認したら，行動開始です。がんばりが続いているうちに「すごい！　かっこいい！」と身振りや表情で伝えます。

うまくいかなかったら，立ち止まって，「はい。巻き戻しをします。どうしてでしょう」を使います。

日常の場面

46 指示・注意

〜します。次のうち、
どれを選びますか？
1番〜、2番〜、3番〜。

☑ 選択肢を挙げて考えさせる

例えば，これから急いで帰る準備をしようというとき，どんな事態が想定されるでしょうか。しゃべって遅くなる，トイレに行ってそのまま遊んで大騒ぎし，まだ授業をしている隣のクラスを困らせる，廊下でふざけているうちにけんかになって誰かが怪我をして，下校前にたいへんなことになる……うわあ，かんべんしてほしい……。

何か起きてから叱って，そのまま帰らせるのは，何としても防ぎたいです。

こんなやり方があります。「今から帰る準備をします。**次のうち，どれを選びますか？**　１番。おしゃべりをして帰るのが遅くなる。２番。トイレに行って，遊んで，授業中の６年生を困らせる。３番。廊下でふざけて，けんかをして，怪我をして，泣きながら帰る。４番。黙って素早く準備をして，かっこよく帰る。さあ，どれですか？」

きっと，「４番。黙って……」と話している途中で「はい！　はい！」と手を挙げるでしょう。改めて「１番がいい人～」と手を挙げさせて確認してもいいし，「答えなくてもいいです。何番を選んだか，今から実際にやって教えてね」と言うのも手です。

あえて選択肢に望ましい行動を入れず，「あれ？　どれもだめですか？　じゃあ，**いいやり方をやってみせて**」と言う方法もあります。

日常の場面

47 指示・注意

〜します。問題です。
かっこいい1年生は、
どんな風に
〜するでしょうか。

☑「問題です」と考えさせる

例えば，研究授業などで担任が教室を出なければならなくなったとき，考えたくもない様々な事態が想定されます。

こんな風に言ってみましょう。「次の時間，みんなだけで勉強しますよね。問題です。かっこいい１年生は，どんな風に勉強するでしょうか」１年生たちは張り切って口々に言います。「黙って勉強する」「座って勉強する」「ふざけない」などなど。「なるほど，それは確かにかっこいいですね」などと感心しながら聞き，黒板に書き並べましょう。こちらが想定していなかったようなことを言ってくれる場合もあります。「そういうこともありますね。なるほどなあ」とますます感心してみせます。「さすが，かっこいい１年生はよく考えていますね。では，次の時間，かっこよくがんばってね。後で，どうだったか聞かせてね」とにこにこしながら出て行きましょう。

「なるほど，よく考えていますね。でも，それがみなさんにできるかな？　難しいですよ。できたらすごいけど」とあえて挑発する方法もあります。

ちなみに，「問題です。～でしょうか」という言い方は意図的にしておくといいです。後で，説明文に出会ったとき，文末が「～でしょうか」「～でしょう」という形の文が，問題の文だということの気づきに役立ちます。

48 指示・注意

〜します。
先生が言いたいことは
何でしょう。

☑先生が思っていることを考えさせる

「〜します。何に気をつけたらいいですか？」「次のうち，どれを選びますか？　１番〜」「問題です。かっこいい１年生は〜どんな風に〜するでしょうか」などをたくさん積み重ねた１年生には，こんな言い方ができるようになります。

「今から，トイレに行って，体操服に着替えて，並びます。さて，今，**先生が言いたいことは何でしょう**」

こんな言い方もあります。

「これから，ロッカーに入っている算数ボックスを取りに行って，数カードを出します。ああ，でも，今，**先生の頭の中に，ぽわんぽわんといろいろ心配なことが浮かんでいる**んだよねえ……」

手で，頭の上に吹き出しの形を描きます。「ねえ，どんなことが，ここに浮かんでると思う？」

それまでにたくさん積み重ねていれば，こっちが思っていることを見事に言い当ててくれるものです。「うん，うん，そう，そう」とうなずきながら聞きましょう。

大人が言いたいと思っていることなんて，子どもたちはほとんどわかっているのだなあと，改めて思わせられます。「ええっ！　そんなこと，知らなかった！　教えてくれて，ありがとう！」と子どもが思うようなことは，私たちのお説教の中には，めったに入っていないのです。

日常の場面

49 指示・注意

先生が言いたいことが
わかるなんて、
小さな先生が
頭の中にいるんだね。

☑ 小さな先生が頭の中にいるイメージ

「先生が言いたいことは何でしょう」「先生の頭の中に，どんなことが浮かんでると思う？」といった問いに，私が考えていたことを，1年生たちが1つ残らず，しかもいかにも私が言いそうな言葉で見事に言い当ててくれるようになったとき，何だかうれしくなって，「すごいね！　みんな，**先生が言いたいことがわかるなんて。小さな先生が頭の中にいるんだね**」と言ったことがありました。自分でもそのイメージがおもしろいと思ったのですが，子どもたちも，とても気に入ったようで，その後，私が何か言おうとすると誰かが「あ，先生が言いたいのはこういうことでしょ」と先んじて言い，「そうそう。よくわかったね」とうなずくと「だって，小さい先生がいるんだもん」と得意そうに自分の頭を指さすようになりました。

それからときどき，「**今，子どもたちの頭の中に，小さな私はいるかな？**」と考えるようになりました。子どもたちの頭の中にいる小さな私は，どんな表情で，どんな声で，何を語っているのでしょうか。担任ではなくなってからも，「ずっと応援していますよ」と自分では思っているけれど，実際に子どもたちの頭の中で，小さな私が手に旗を持って笑顔でぱたぱた振りながら，励ましの言葉を言っていたらいいな，そのためには今どんな言葉を言ったらいいのかなと，考えています。

日常の場面

50 指示・注意

スピード違反です。
歩こうね。

☑ 自動車のドライバーになぞらえる

廊下を走っている子は見逃さないで声をかけましょう。私はよく「スピード違反です。歩こうね」と言います。

「決められたスピードを守って車を運転するのはとても難しいんですよ。ついスピードを出したくなるので，がまんする強い心が必要です。廊下を歩くときと同じなんですよね」と話しておくこともあります。

車の運転に見立てて言うと，ただ「走っちゃだめ！」と注意するより1年生の心に届くような気がします。ごっこ遊びみたいな感覚で素直になれるのでしょうか。車のドライバーに憧れがあるのかもしれません。

「スピード違反」の他にも，「廊下は右側を歩く」というルールを守らせたいときは，自動車の「逆走」について，どんなに危険なことか図を描いて説明し，「わあ，怖い……」と理解させてから，「廊下の左側や真ん中を歩くのは，実は，車で逆走をするのと同じです。将来，安全運転のできるかっこいいドライバーになる人は，きっと1年生のとき，廊下の右側を歩いていますよね」と話すと，真剣な面持ちで聞いています。それ以降は，「逆走してない？」と声をかけると，さっと右に寄ります。

ただ，これは，私が住んでいる所が，公共交通機関が少なく，車生活が主流で，すぐそこのコンビニにも車で行くのが当たり前！の鳥取県だからかもしれません……。

日常の場面

51 指示・注意

免許を返しますか？
それともやり直しますか？

☑免許証できまりを意識させる

「しょうがくせいめんきょしょう」というものを作ったら，小学校生活のさまざまなきまりごとを意識させるのにとても便利でした。

二つ折りにすると運転免許証くらいの大きさになるカードの内側に，守ってほしいきまりごとをイラスト入りで列記し，守れるようになったら小さなシールを貼ってもらえます。シールが全部そろうと表紙の「かりめんきょしょう」の「かり」の部分にもシールが貼られて，晴れて「めんきょしょう」に昇格です。

これがあると，廊下や教室で走っている子を見かけたら**「免許を返しますか？　それともやり直しをしますか？」と聞くだけでいいので，指導が楽**です。免許証がないと，「走りましたね。やり直して」と言っても知らん顔をしていた子たちが，「免許を返しますか～」だと，みんな「やり直し」を選んで，とても素直に後戻りをしています。恐るべし，免許証。

悪質な違反の場合は，本当に免許を預かって，免許停止にします（別に，何かが制限されるわけではないのですが)。しばらく様子を見て，「どうですか？　きまりを守っていますか？　そろそろ免許を返しても大丈夫そうですか？」と本人と相談して，大丈夫なら「今度はがんばってね」と返しています。

日常の場面

52 指示・注意

~になあれ！☆

☑ 指示や注意を魔法の呪文で言ってみる

１年生の男の子が「先生，好きな色は？　星とハート，どっちが好き？　明日，魔法のステッキあげるね」と謎めいた言葉を告げた翌日，うれしそうに手渡してくれたのは，星の形に切った青い折り紙に，水色のストローを貼りつけた，魔法のステッキでした。彼はその後も違う形のステッキを贈ってくれ，他の子たちが作ってくれたのも入れると，今や私は大量の魔法のステッキを所有する魔法使いです。

１年生たちが２学期始めの負荷と運動会練習の負荷で落ち着かなくなったときのこと。大事な指示をじっとして聞いてほしいのに，「動きを止めましょう！」と言っても止まらず，今の彼らにはこんな注意も負荷の上乗せになるんだろうな，と感じ，思いついて魔法のステッキを手に「動きよ止〜まれ！☆」と言ったら，ぴたっと止まったではありませんか！　うれしくなって「いい姿勢になあれ！☆」「笑顔になあれ！☆」といろいろ呪文を言ってみました。みんなが魔法にかかってくれるたびに，「すごい！」と喜び，手にした魔法のステッキを「信じられない……」という表情で見つめると，１年生は大喜び！　ますます張り切って魔法にかかってくれました。もう，何も怖くない！「☆」にはそれっぽい擬音語を言ったり，念を込めたりします。まず自分に魔法をかけて，魔法少女もしくは魔法使いになりきりましょう。**遊び心が，魔法の秘訣です。**

日常の場面

53 字の練習

わあ、きれい。
将来、うれしいチャンスが
いっぱいありますね。

☑ きれいに書くとどんないいことが

ひらがなや数字を練習したワークブックに朱を入れる際，できた人から持って来て，順番に見るやり方は，わかりやすいけれど，行列ができやすく，待ち時間がもったいないという難点があります。担任がペンを持って見て回ると，子どもたちがうろうろしたり並んでいる間に騒いだりするのは防げますが，先にできていた人が後回しになることもあるし，担任の負荷が大きくなります。できた人から提出させて，後でまとめて見るというのも効率的ですが，できれば，直接話しかけながら指導する方が効果的です。いろいろやってみて，比較的気に入っているのは，できた人から持って来て見てもらうけど，行列になりそうなら指定されたかごに入れて席に戻り，指示された次の課題に取り組み，担任は，かごの下から次の子のワークブックを取り出して「○○さ～ん」と呼ぶやり方です。健康診断のやり方をまねてみました。

丸を付けたり直したりしながら，どんどん声をかけましょう。がんばって丁寧に書いた子には，まず「わあ，きれい！」そこに，きれいな字を書けるようになると，どんないいことがあるかも付け加えましょう。きれいな字を書いている人はいい印象をもってもらいやすいという話を事前にしたのなら「将来，うれしいチャンスがいっぱいありますね。楽しみだなあ」などと言い添えます。

日常の場面

54 字の練習

美しいなあ！
どうしたらこんな
きれいな字が書けるの？

☑「うつくしく」の前に「はやく」

とても丁寧に美しい字を書こうとがんばっている子には，**惜しみなく賞賛の言葉を。**「美しいなあ！　どうしたらこんなにきれいな字が書けるの？」「先生もこんなにきれいには書けないなあ」。言われた子は誇らしそうです。そう言われるようにがんばろうと思う子もいるでしょう。

ただ，気をつけないと，きれいに書こうとがんばりすぎて，書いては消し，書いては消し，一向に進まなくなってしまう子もいます。楽しく書けるのならいいのですが，こだわって，苦しくなるほど自分を追い込んでしまうのは防がなければなりません。そこで，書く活動のときには

> かくときは
> 1　ただしく
> 2　はやく
> 3　うつくしく

というカードを黒板に貼り，みんなで唱えるようにしています。まずは正しく書くことが大事。美しく書きたいけど，時間がかかりすぎて時間内に書けなかったら，書かなかったのと同じことになってしまうから，**２番目にがんばることは「はやく」**で，時間までに書ける人が「うつくしく」を目指します，と説明しています。

日常の場面

55 字の練習

わあ、きれい！
ちょっと、みんな見て！

☑子どもたち同士で「すごい」

先生にほめてもらおうと子どもたちががんばる集団は望ましくないです。先生が見ていないとがんばらなくなってしまうし，「先生，見て見て！」「先生！　見て！　ごみを拾いましたよ！」とアピールされ続けるとやがて互いに疲弊します。もっと困るのは，「見て見て！」では満たされないことに気づいた子どもが，不適切な行動で注目を引くという戦略に方向転換していくことです。「見て見て！」は実は問題行動と地続き，１歩手前なのです。

では，どうなればいいのかというと，１つは，子ども自身が「自分はこんなことができてすごいな。こんな力がついてうれしいな」と自分で満足できることです。もう１つは，**子どもたち同士が「すごいね」「いいね」と言い合えること**です。周囲から温かい言葉がかけられて，「みんなに認められている」と感じられ，自分も友だちのがんばりに拍手を送り，一緒に喜べる，そんな集団では，先生の視線を探さなくても満足できます。もちろん，いきなりそれができるわけではなく，そうなるためにも，まずは担任がお手本として，「すごい！」「いいなあ！」をたくさん言うことが大切ですが，「先生→個々の子ども」で完結しないよう，「わあ，きれいな字！」に「ちょっと，みんな見て！」を付け加え，**周囲の子たちを巻き込んでいきましょう。**

日常の場面

56 字の練習

払いが見事だなあ。
お部屋に気をつけると、
完璧！

☑手は直しても口では「すごい！」

本人に直接話しかけながらワークブックに朱を入れることのメリットは，情け容赦なく直しながらも，口ではどんどんいいところを指摘できることです。

最初は，指導された様々なことに気をつけて字を書く緊張や，それを添削されることへの不安など，多くの負荷が予想されるため，簡単なひらがなから始め，かなり甘く丸を付けますが，慣れてくると「ここに気をつけて」と指導した点については厳しく朱を入れるようにしています。ひらがなをしっかり練習するのは１年生の限られた期間ですし，マスを４分割した「部屋」を意識して書くことや，画と画が離れているのか，飛び出しているのかといった違いに気を配ることの大切さなどは，今後の漢字やカタカナの習得にも必要なことなので，「字の練習とは厳しいもの」と思ってもらいましょう。

とはいえ，せっかく書いた字を真っ赤に直されるのはやはりうれしいものではありません。そこで**直しながら口ではどんどんいい点を指摘します。**「『払い』が見事だなあ！『お部屋』に気をつけると完璧！」「形がすばらしい！『３のお部屋に入らない』ができていますね。でも，惜しい。ここは『来た道戻って』の『折り返し』だから，ちょっと直しますね」「線がはっきりしてるね。いい線だ！ここを『払い』にしないで止めるともっとすごい」

日常の場面

57 発表・話し合い

あっ！　すごい！
話す人を見て
聞いていますね。
◯◯さん、どう？

☑ 話す練習と同時に聞き手の意識を高める

学校生活に慣れてきたら，１人ずつ立ってみんなに話す練習をしましょう。内容は，負荷がかかりすぎないよう，国語や算数の教科書の絵を見て，「○○があります」「○○が○個あります」と言う程度のシンプルなものにします。いくつか担任が言ったお手本を復唱して，口慣らしをします。お手本と全く同じことを言ってもいいと伝えます。先陣を任せても大丈夫そうな人から始め，席順で１人ずつ言います。**話す人の背後に担任が立ち**，肩に手を添え，さりげなくみんなの方を向かせ，「聞いてください，って言って」とみんなにも聞こえるように言い，先生がそばにいて教えてくれるのだな，と本人だけでなくみんなも安心させます。担任の立ち位置には，もう１つ意味があります。不安なとき，１年生は先生の方を見ます。この場合，担任が聞き手の側に立つと，話し手ではなく担任の方を見てしまいますが，話し手の後ろに担任がいれば，自然と，話し手を見て聞く形になるのです。たくさんの視線が話し手の方に集まっているのを確かめて，「あっ！　すごい！　話す人を見て聞いていますね」と言います。さらに，話し手の子に「○○さん，どう？」と問いかけ，「みんなが見て聞いてくれると話しやすいよね」と言います。これで，**他の子の話す時間が，ただの待ち時間ではなく，話し手を見て聞く主体的な活動の生きた時間に変わります。**

58 発表・話し合い

手を挙げて発表した人。
あなたのおかげで
すごい勉強ができたんだね。

☑意見を言うことの価値づけを

国語や算数で考えを話し合ったり，学級会で意見を出し合ったりして，いい話し合いができたなあ，というときに，あるいはそこまでではないけど，手を挙げて意見を言ってくれる子がいて助かった，と思うような場面で，きちんとその価値を意味づけましょう。

学習の終わりに「今日，手を挙げて発表した人」と立ってもらい，「あなたのおかげですごい勉強ができたんだね」とみんなで拍手し，感謝を伝えます。

私は１年担任を2024年現在で連続12年させてもらっています。その過程で，気づいたことがあります。毎年同じような学級経営や授業をするのですが，違う展開になるのです。この子のこの発言でこの学習に新たな発見が生まれた，去年の学級のあの文化はあの子のあの発言があったからだったんだな，と，子どものたった１つの発言で，まるで違う世界が展開していくことが見えてきたのです。これは，自分自身にも大きな勇気づけになりました。私ががんばっても世界が変わるわけではないと思い込んでいたけれど，そうではない，自分がやったことで，世界は変わっていくのかもしれないと，気づかされたのです。

勇気を出して手を挙げ，意見を言おうとする行為はとても尊いのです。新しい世界を生み出す可能性を秘めています。それを子どもたちにも感じさせたいと思います。

59 発表・話し合い

話す人を見て聞いた人。
あなたがいたから、
みんな発表して
くれたんだよ。

☑意見を聞くことの価値づけを

手を挙げて意見を言ってくれた人をみんなで讃えたら，もう１つ，言うことが残っています。

「話す人を見て聞いた人。あなたがいたから，みんな発表してくれたんだよ」

いくら勇気を出して発表する人たちがいても，聞く人たちが，目を見て真剣に聞いてくれなければ，いずれ，話す勇気を失い，手を挙げる人はだんだん減っていくでしょう。聞く人がいてこその発表です。聞き手なしには成り立ちません。その価値を意味づけることで，聞く態度も大事に育てていきます。

私は小学校６年間，自分から手を挙げて発表することができない子どもでした。考えはあるのに言えない，言うことを期待されているのがわかっているのに，言おうと思えば思うほど固まってしまうもどかしさは，今も鮮明に覚えています。それはそれで，私にとって必要な時間だったと今はわかっているので，言えない子を見守り，ゆったり待とうと思っていますが，言えない子がいつも話し合いの場で「自分は役に立てなかった……」と思うのはもったいないです。**目を見て聞くことで，反応を示すことで，話し手を勇気づけ，みんなの話し合いを支えているのだと気づかせ，誰もが活躍したと思えるような場にしていきましょう。**

「目を見て聞いた人，お互いに拍手！」

60 音読

いいなあ。
もう1回聞かせて。

☑何回でも声に出して読みたくなるように

１年生の中には，まだひらがながほとんど読めない子も珍しくありません。

そういう子の中には，自分が読めないことを理解していて，必死で気づかれないように振る舞っている子もいます。学校からの指摘でおうちの人が「なんとなく気づいていたけどそこまでとは……」と驚かれることもあります。ひらがなは読めても，すらすらと読むには至っていない子も少なからずいます。

１年担任は，そういった子たちがいることを常に意識して，読めない子も安心して教室で過ごせるよう工夫することが必要です。例えば，黒板に書いた言葉や文を読み上げさせる場合，まず担任がゆっくりはっきり読んで聞かせてから子どもたちに読ませてもいいですが，お勧めは，子どもたちに読ませてから，もう１回か２回読ませる，というやり方です。声を出して読んだ分，子どもたちに力がつきます。

子どもたちに繰り返し読ませる場合，読めない子は２回目か３回目には声に出して言えて，ほっとすると思いますが，最初からすらすら読めていた子は「またか……」と，うんざりしてしまいます。そこで，ひとこと。**「いいなあ。もう１回聞かせて」このひとことで，「何回でも読んでやろうじゃないの」という気持ちに**なれます。

日常の場面

61 音読

苦手な人にもわかるように
声をそろえて読んでみて。

☑声をそろえて読むことの意味を

文章がすらすら読めるようになるには，書き言葉をたくさん頭に入れておかなければなりません。すらすら読むというのは，1字1字を高速で読んでいるのではなくて，自分が知っている言葉を検索しながら固まりとして文意を汲んでいるからです。そこで，すらすら読めないから本を読まない，読まないから語彙が増えない，だからすらすら読めない……の負のスパイラルが生じ，先々，どの教科でも，読めなくて苦労することが予想されます。

これを断ち切るために，読み聞かせ，音読，暗唱などに力を入れ，家庭にも協力を呼びかけます。しかし，家庭での音読や暗唱練習が，大人が忙しい，本人が家庭学習を嫌がる，などの理由で，あまり期待できない場合があります。となると，学校で暗唱に取り組ませる，繰り返し声に出して読む場面をうまく授業に盛り込むなど，**なるべく耳から書き言葉を入れる工夫**をする必要があります。

そこで，音読に慣れてきたら，「苦手な人にもわかるように声をそろえて読んでみて」と声をかけます。うまくいくまでは担任の音読に合わせてもらいます。声をそろえて読めるようになったら，「すごい！　声を合わせるためには，みんなが自分のことだけではなくて，他の人のことを考えながらやらないとできないから，みんながみんなを大事にしているということなんだよ！」と讃えます。

62 音読

職員室まで聞こえたよ。

☑ 担任がいなくても音読ができるように

1年生の初期は，自分たちでできる学習も限られるので，音読は貴重な自習に使える学習です。

声をそろえて読めるようになったら，その物語や説明文を読み終わったときは，また最初に戻って読むことを教えます。短時間なら，繰り返し読むことも1年生は面白がってくれます。

ほんの短時間，担任が教室を離れたいけれど，子どもたちには落ち着いて学習していてほしいとき……例えば，授業に使う物を職員室に取りに行きたいとか，授業中に体調が悪くなった子を保健室に連れて行きたいとか，そんなときに，「待っていてね」ではなく「先生が戻ってくるまで，声をそろえて音読してね。でも，難しいから，途中でばらばらになるかもしれません。先生が戻ってきたときに，まだ声をそろえて読んでいたら，それはすっごくかっこいいです。みんなの声，どこまで届くかな。聞いているよ」などと言って音読を始めさせます。

戻ってきたとき，ばらばらになっていても，想定内。「がんばったね。職員室まで声が聞こえていたよ！」などと笑顔で言いましょう。担任がいなくても席を離れないで読んでいただけでも花丸です。席を立つ子がいても，座っていた子に「すごい！」と言いましょう。もちろん，みんなでずっと声をそろえて読んでいたら，大絶賛です。

日常の場面

63 音読

本当に◯◯が
言ってるみたい。

☑誰の音読にも「すごい！」を

みんなの前で音読や暗唱をするのはどきどきします。どの子にもプラスの言葉がかけられるよう，できるだけたくさんの「すごい！」を用意しておきましょう。できれば，音読カードに載せておく，みんなで音読や暗唱を聞き合う際に説明する，などして，事前に子どもたちと共有しておくと，子どもたちもがんばるポイントを意識して読んだり，友だちに具体的な「すごい」が言えたりします。

「声がよく響いていたね」「姿勢がいいね」「足がしっかり床についているから，いい声が出るんだね」「背中がまっすぐだから響くんだね」「口をはっきり動かしているから，言葉がよくわかるね」「すらすら読めたね」

授業では人物になりきって物語の会話文を読んでいたのに，改めて音読すると１年生は棒読みになりがちです。気持ちを込めて読む子がいたら，すかさず，「今の，気づいた？　本当に○○が言ってるみたいだったよね！」とみんなで感心しましょう。

音読や暗唱を聞き合う際に，「～を～というように読みます」などと自分ががんばるところを言ってから発表するようにすると，「○○さん，本当に～のところが～に読めていてすごかったです」というような言い方ができ，バリエーションが広がる上，感想を言った方にも「よく聞いていましたね」と声かけができます。

日常の場面

64 音読

残念……。

でも、いいい声だったね。

☑言い方の練習も

みんなの前で音読や暗唱に挑戦しようとして，うまくいくときばかりではありません。緊張のあまり，声が出なくなってしまったり，暗唱で間違えてしまったりすることはよくあります。悔しかったり悲しかったりするけれど，それも大切な体験です。そういう思いをした後での成功はとびきりうれしいし，失敗したときの友だちの気持ちもわかるようになります。ということも，話しておくといいかもしれません。

でも，悲しすぎて「もう２度と挑戦しないぞ」と思ってしまうのは困ります。そんなときこそ，温かい言葉が飛び交うといいですね。

事前に，友だちが失敗した場合はどんな言葉を言えばいいのか，みんなで考えておきます。

「残念……。でも，いい声だったね」「がんばったね。挑戦しようとしたのがすごいよ！」「大丈夫！　きっと次はできるよ」それらを実際に声に出して言う練習をすることで，とっさに言えるようにしておきます。

どんな風に言うかも大事です。「残念……」のひとことだって，ひどく意地悪に聞こえるように言うことも，うんと優しく言うこともできます。いろいろ実演してみせ，**どんな言い方をされたら自分だったら安心するかみんなで考え，練習しておきましょう。**

日常の場面

65 音読

自分たちで勉強を
始めたんだよ。
かっこいい！

☑ 自分たちで音読を始められるように

「音読が上手にできるようになりましたね。すごいです。国語の時間は，机の基地に国語の用意ができたら，今勉強しているところを音読していいですよ（『やったあ！』という声ににっこり）。読んだ分だけ，読むのも上手になるし，言葉の力もつきますよ。うれしいね。それに，先生に言われなくても読み始めたら，それは自分で勉強を始めたことになります。それが，本当の勉強なんですよ」という話をして，授業が始まるのを待つ時間を有効活用させます。実際に読んでいる子には，「かっこいい！」と声をかけます。

みんながトイレから帰ってきてそろうのを待っている間に，自分から音読を始める子が増えたら，２番目に音読し始めた子に，「○○さん，今，□□さんが音読しているから，それに合わせて読んでくれませんか？」とお願いします。３番目，４番目と同じように声をかけていくと，後から始めた子たちもなんとなくわかって合流します。いつの間にか，みんなで声をそろえて音読しています。読み終わったところで「すごい！　かっこいい！　授業を始める前に自分たちで勉強したんだよ！」と惜しみなく声をかけます。これを２，３回繰り返せば，担任が声をかけなくても，子どもたちが自ら音読するようになります。担任は安心して授業の準備ができ，互いに笑顔で授業を始められます。

66 音読

先生1人で聞くのは
もったいない!

☑ 家庭での音読につなげる

国語の物語を読む授業で，場面の様子に着目して人物の行動を想像し，この会話文はこんな声で言ったのではないかな，などと読み取ったら，さっそくそれを生かして，その文だけでいいので音読させましょう。授業の最初にした音読と，少しでも音読に変化が現れていないか耳を澄ませて聞き，変化の兆しのようなものでも気づいたら，すかさず指摘して，「今の音読，～という感じが伝わってきたよ！　すごい！」と伝えましょう。「もう１回聞きたいな」と言って読んでもらうと，さっき意識していなかった子も，意識して音読するので，いっそう工夫が際立ち，子どもたち自身も，「あ，今の読み方，いいね」と実感します。

その授業の終わりにもう一度通して読ませます。「確かに，読み取ったことを意識して読んだな」と思えたら，どこがどのようによかったか伝えましょう。さらにひとこと**「先生１人で聞くのはもったいないよ。今日，帰ったら，おうちの人たちにこの音読を聞かせてあげて。きっと，いつもと違うとびっくりされますよ」と付け加えます。これで，家庭学習の音読への意欲が増します。**

次の日には「昨日，おうちの人に，あの音読聞かせてあげた？　何か言われた？　何ておっしゃったの？」と声をかけましょう。「あ，忘れてた。今日やるぞ！」と言う人たちも，きっといます。

67 何でもないとき

みんなと一緒にいられて
幸せだなあ。

☑存在そのものがすばらしいと伝える

毎年，「できないと，だめなの？」という授業を参観日にやっています。「あなたはどんなときもすばらしい」とメダルに書き，リレー方式で贈り合います。

よく，友だちのよいところを見つけようという活動をするけれど，「○○ができるから，この人はすばらしい」という考え方は危険をはらんでいます。それをやっていないときはすばらしいと思えないかもしれません。また，「自分は○○ができるからすばらしい」と思い込んでいると，それができなくなったりもっと上手な人に出会ったりすると，くじけます。実際，こんなことがありました。歌に自信をもっていた子が転校したら，そのクラスに圧倒的な歌唱力をもった子がいて，転校生は，上手な子の悪口を言いふらしてしまったのです……苦しかったのですね。

何かができるからすばらしいのではなくて，弱いところも含めて，あなたの存在そのものが，まるごとすばらしいんだよ，ということを伝えたくて，考えた授業です。**自分の存在そのものが受け入れられていると感じている子は，失敗を恐れる必要がないので，挑戦することができます。また，他人の成功を，嫉妬することなく一緒に喜ぶことができます。**

だから，ときどき，何でもないときに「みんなと一緒にいられて幸せだなあ」と言ってみましょう。

第2章

特別な場面で使える言葉

特別な場面

1 入学式前日練習

クラスのみんなには、
ないしょだよ。

☑ 前日練習で緊張を和らげる

緊張が強い，初めてのことや場所が苦手，などで入学式が不安な場合，前日に親子で来てもらってリハーサルを行うのが効果的です。保護者や園から前日練習の要望がある場合もありますが，就学時健診などで保護者の相談を受けて学校から勧めたり，体験入学などの様子を見て学校から打診したりすることもあります。

入学式前日は学校側も忙しいので，会場準備ができたタイミングで，参加者が一度に集まってくれたらありがたいですが，保護者も仕事や下の子のお迎えなどで予定が合わないこともあります。入学式のために休みを取ったり，入学後しばらくは早く帰宅できるようにしたりと仕事を調整するため，前日は特に忙しい人もいます。こっちも相当たいへんですが，このリハーサルで明日からの学校生活がスムーズに行くかどうかが変わるもしれないので，リハーサルの時間に間に合わないからとあきらめるのではなく，なるべく実施できるように工夫しましょう。

子どもたちが来たら，笑顔で自己紹介をし，「今日は秘密の練習だよ。みんなは明日，初めて先生に会うから，今日会ったのはクラスのみんなにはないしょだよ。初めて会ったふりをしようね！」などといたずらっぽく言って緊張をほぐしましょう。その子にとってどんなことが負担なのか事前によく確認してから出会いましょう。

特別な場面

2 入学式の朝，最初の出会い

会いたかったよ。

☑最初の出会いは安心してもらうのが第１

入学式の朝。緊張した１年生が，保護者とともに教室にやって来ます。**１年生の背の高さに合わせてしゃがみ，目を合わせ，１人１人と丁寧に最初の出会いをしましょう。**

名前を確かめ，「○○さん，会いたかったよ。よろしくね」「○○さん，入学おめでとう。待っていましたよ」などと笑顔で話しかけます。元気よく言えばいいというものではありません。大きな音や声が苦手な人もいます。

とにかく**「大丈夫ですよ。ここは安心できる場所ですよ。私はあなたの味方ですよ」ということを全身全霊で伝えたい**ファーストコンタクトなので，「ちゃんと返事をしてほしい。最初が肝心，もう１回言わせよう」とか，「１年生なんだから，元気よくあいさつを！」なんて要求は，すっぱり切り捨てましょう！　それは後で全体に指導すればいいこと。返事の声が小さくても，固まって名乗れなくても，関係ない！　ひたすら，出会えた喜びを伝えます。

握手をする，肩や背に手をそっと置く，名札を付けるなど，さりげなく触れるのも安心してもらうのに有効です。ただ，中には身体接触が苦手という人もいますから，事前に確認しておきましょう。

「服が似合っているね。かっこいい」「○○さん，リボンかわいい」など，好意を伝える言葉かけも惜しみなく！

特別な場面

3 入学式待機中

かっこいい！
座り方がすてき！
さすが１年生！

☑「かっこいい自分」から降りられなくする

入学式の朝，1年生が席に着きます。ふだん落ち着きのない子も，この日このときばかりは緊張して，よい姿勢で静かに座っていることが多いものです。どの子も，かっこいい1年生になりたいと思っているのだな，と感じる瞬間です。このチャンスを逃してはなりません。「うわあ！かっこいい！　座り方がすてき！　さすが1年生！」と，畳みかけるように，プラスの言葉を伝えましょう。

特に，園や保護者からの情報で，教室から飛び出す，離席しがちなどの傾向が予めわかっている子の場合は，マークしておいて，その子が椅子に座った瞬間にすかさず「かっこいい！」と声をかけ，その後も「姿勢がいいね！背中が伸びている！　すごい！」と波状攻撃の手を緩めません。……手ではなくて口ですね。

がんばっていい姿勢で座ったのに，誰にも注目してもらえなかったら，がんばる気持ちが途切れて席を立ち，走り回ってしまうかもしれません。そうなってから注意すると，学校というところは，がんばったって注目してもらえないけど，走り回ったり飛び出したりすれば注目してもらえるんだな，ということを学ばせてしまいます。常に「かっこいい！」と言われ続けることで，「かっこいい自分」という立ち位置から降りられなくなってしまい，結局，飛び出しや離席を卒業することになる子もいます。

特別な場面

4 入学３日目の朝

○○さん、□□さんに
教えてあげて。

☑ 具体的に個々を結びつける

入学後，朝の荷物の片付けを，大人が手伝う，６年生が手伝うなど，いろいろなやり方がありますが，私は，入学翌日の朝は，みんながそろってから一斉指導で片付け方を教え，次の日の朝から１年生にさせるというやり方をしています。同時に全体に説明することで，お作法を統一することができるし，１年生が自分でやることで，どこに何がしまってあるかを覚えられるからです。もう１つの利点は，１年生同士のつながりが図れることです。

入学して３日目の朝，来た人から，昨日教わったやり方で荷物を片付けます。もちろん，１回で覚えるのは難しいので，黒板に絵や写真入りのカードを貼って手順を示しておき，さらに，最初に来た子たちに，声をかけて教えます。**片付け終わった子に，「○○さん，□□さんに教えてあげて」と，後から来て手間取っている子を示し，小声でお願いします。**出身園が違って名前を言ってもわからないときは，「あそこにいる青い服のお友だち，□□さんを」「いちばん後ろの，あの髪の短い△△さんを」などと説明します。助けに行ったら「○○さん，助けてあげて優しいね。ありがとう！」と今度は大きな声で言います。

「片付けた人は，まだの人に教えてあげてね」と呼びかけても，この時期の１年生は，周りが見えていないので動けません。具体的に個々を結びつけるのがこつです。

特別な場面

5 国語の「読むこと」の学習

文章の中から
証拠を見つけよう。

☑根拠をどこに求めるか意識させる

教育実習の先生に物語「サラダでげんき」を読む授業をしていただいて後ろで見守っていたら，「サラダにはにんじん」と言ったのは馬なのかおまわりさんなのか，について，子どもたちの意見が分かれて堂々巡りになってしまいました。よく聞いていると，意見は「馬はしゃべらないからおまわりさん」「絵のおまわりさんは目を閉じているから馬」「『おまわりさんをのせたうまが』と書いてあるから，馬」の３種類でした。つまり，それぞれ考えの根拠とするものが，自分の知識，挿絵，文章と，異なっていたのです。それでは話がかみ合わないのも当然です。

となると，話は簡単です。「国語は何の勉強？　そう，言葉ですよね。今は，『サラダでげんき』を読んで，人物が何をしたか話し合っているんだよね。ということは，証拠はどこから探したらいいかな？　絵かな？　文章かな？　それとも自分が知っていること？」の問いかけで，すっきり解決できました。

国語の「読むこと」の学習では，「文章の中から証拠を見つけて」と言うと，みんなが納得しやすい話し合いになります。１年生のシンプルな物語や説明文にも，はっとさせられるような証拠が隠れていて，何年も同じ教材で授業をしていても，国語っておもしろいなあと毎回感動させられます。

特別な場面

6 カウンセリング

あなたのおかげで〜。
気づいてる？

☑ 学級への貢献を伝える

担任によるカウンセリングを行うとき，「この頃，学校，どう？」「何の時間がいちばん好き？」「休憩時間は誰とどんなことしてるの？」などと聞いたり，聞いてほしいことや困っていることはないか尋ねたりした後に，その子のがんばっていることについて語りましょう。

その際，「がんばっているね」や「すごいね」で終わってはいけません。必ず，「あなたのおかげで，この頃，元気な声で返事をする人が増えてきたでしょう？　気づいてる？」などと，**学級のみんなに，その子のがんばりがいかによい影響を及ぼしているかを付け加えます。**これで，先生が見ていなくても，誇らしい気持ちでがんばろうと思う気持ちが芽生えます。いいんです！　具体的な確証がなくったって。だって，その子ががんばっているのを見て，自分もがんばろう，と心でそっと思った子が絶対に１人もいないなんて証拠もないのですから。

カウンセリングは，「先生は，あなたのがんばりを知っていますよ。あなたはみんなに貢献していますよ。みんなはきっとあなたのことが好きですよ」ということを，きちんと言葉にして伝える貴重なチャンスです。

話しながら，言ったことをカードにささっと書いてプレゼントすると，繰り返しその言葉を読むことができるので，子どもはいっそう勇気づけられます。

特別な場面

7 夏休み前

金の夏休み、銀の夏休み、
銅の夏休み、どうにもなら
ない夏休み、どれがいい？

☑ 夏休みを平和に過ごせるように

夏休み，子どもたちが，おうちの人に心のエネルギーを補充してもらえるといいですが，大人は大人で「うちの子，言うこと聞かないし，夏休み，早く終わってほしい……」とストレスを充満させていることもよくあります。夏休み明け，子どもたちが不調になりやすいことの背景の１つだと思います。**子どもたち自身に，夏休みを平和に過ごすための知恵を授けておきましょう。**

「夏休みには金，銀，銅，そしてどうにもならない夏休みの４種類があります」と話し，表を板書して解説します。「勉強しなさい」「お手伝いして」と言われたとき，「どうにも……」は文句を言って，やりません。大人は疲れ果て，おいしい食事を用意する元気もなくし，結果，互いにとって「どうにもならない夏休み」になります。「銅」は結局やるけど文句たらたら，「銀」は「はい！」と気持ちよくやり，「金」は，「もうやったよ！」がキーワードです。大人はうれしくて元気になり，夏休みにいいことが増えるかも……。「金」を狙っていたのに，やる前に言われてしまうと，つい「今やろうとしたのに！」と言いたくなるけれど，それでは「銅」になってしまうので，いったん「はい！」と銀にしておきます。魔法の言葉「もっとやるよ」を使えば，金に返り咲くことができます。

「大人にはないしょだよ」と秘密めかして語ります。

8 運動会

遠くから見ている
おうちの人に
よく見えるように
大きく踊ろう！

☑ 必然性を理解させる実験を

運動会のダンスの練習をしていて，もう少し大きく動いてほしいな，もう少し手や足を伸ばしてほしいな，と思うことがよくあります。でも，運動会の練習のときは，並び順や動きなど新しく覚えることや，イレギュラーな予定が多くて，１年生はストレスをため，不安定になりがちです。「これくらいできるでしょ」のちょっとした負荷が積み重なって大きな負荷になってしまうので，負荷を最大限減らすことを最優先させたいと思います。

そこで，**「大きく動いてほしい」という大人の思いを，「大きく動きたい！」という子どもの願いに変える手立て**を考えてみました。どう言ったら，子どもたちが大きく動くことの必然性を納得するのか……。子どもたちの運動会の願いは，大好きなおうちの人に，がんばっているところを見てもらうことです。そこで，背の高い先生と低い先生で並び（背の低い人がいなければその役は子どもにしてもらいましょう），どちらが遠くからよく見えるか確認してから，ダンスの同じポーズを取ります。このとき，背の高い人は手足を伸ばさず，背も曲げて，小さく見えるようにし，背の低い人は精一杯手足を伸ばして大きく見せます。どちらが大きく見えるか問い，「遠くから見ているおうちの人によく見えるように大きく踊ろう！」と言うと，効果てきめん！　動きが大きくなります。

特別な場面

9 運動会

運動会でつけた力を
捨てますか？
使いますか？

☑行事でつけた力を使う

運動会が終わったら，気が抜けて，この前までぴしっと並んでいたのに，だらだら……というのは，よくあることです。でも，行事が終わったとたん元に戻ってしまうのでは，がんばった意味がありません。**行事が目的ではなく，その行事に取り組むことで，将来の幸せにつながる力を得ることが目的だということを意識してほしい**です。

そこで，運動会の後，運動会でどんな力がついたかを話し合います。「ダンスを踊る力」「速く走る力」などと子どもたちは言いますが，その中にどんな力が含まれているのか考えさせます。「次のことを考えて行動する力」「自分の体をコントロールする力」「友だちの様子を見て合わせる力」「人のがんばりを見て温かく応援する力」など，運動会で得られた力には，将来役に立つものがたくさんあることを指摘します。紙に，それらの力を積み木を積み上げるような図に描き，その上に乗っている人の絵を描き添えます。さらに，下の方に，積み木に乗っていない人の絵を描きます。「終わったからと，がんばっていた力を捨ててしまうと，いつまでたっても高いところには行けません。逆に，終わってからも引き続き，手に入れた力を使おうとする人は，どんどん高いところに行って，いつか夢に手が届くかもしれません。運動会でつけた力を使いますか？　捨てますか？」紙は貼っておいて，折に触れ意識させます。

特別な場面

10 マラソン大会

マラソンをがんばると
いいことがいっぱい！

☑ 活動自体のよさを意識させる

マラソン大会が大好きで張り切る小学生も多いけれど，苦手で気が重いという子も少なからずいるのではないでしょうか。１位とか○位以内にならなくちゃ，と言って，緊張する子もいます。「○位になったら○○を買ってもらえる」「１位になったら○円もらえる」などと言う子もいます。子どものやる気が出れば，と思っての言葉なのでしょうが，期待されている結果が出せそうにないと思い詰めて，「お腹が痛い」と棄権しようとする子もいます。それに，本当は，走ること自体が魅力ある活動のはずなのに，ごほうびを出すことで，その魅力が見えなくなってしまいます。なんともったいないことを！

マラソン大会にデビューする１年生には，**マラソン自体にすてきなことがいっぱいあるということを知ってもらいたい**です。「足の筋肉が強くなって，走るのが速くなるよ。走ると心臓がどきどきしたり息が苦しくなったりするでしょう。心臓や肺も強くなるんだって」「大人の中にはマラソン大好き，やめられない，という人たちもいます。もうだめ……って思ったときに，あきらめないでゆっくりでもいいから走り続けると，頭から気持ちよくなるお薬みたいなのがドバーッと出るそうです。ま，子どものみなさんには難しいかもしれませんが」その気になりやすいのが１年生，「気持ちよくなったあ！」という声，続出です。

特別な場面

11 マラソン大会

最後までがんばった人には、
見えない金メダルが
心の中に輝くんだよ。

☑がんばったことの価値に気づかせる

マラソン大会では，何位という結果もうれしいけれど，それ以上に，くじけそうになる自分に負けないで最後までがんばったことに喜びと誇らしさを感じてほしいな，と思います。

「もし，マラソン大会の日に，マラソン選手がこの学校に転校してきて，1年生のクラスに入れてくれ，と言って『何？　今日はマラソン大会？　相手は小さい子ばっかりだな。ま，軽く走ってみるか』と言って出場したとします。本気は出してないけど，さすが，マラソン選手，ぶっちぎりの1位です。一方，走るのがとっても苦手な1年生が『今日はマラソン。がんばれるかなあ，心配だなあ』と思いながら，『でも，がんばって練習してきたんだもん。絶対止まらないぞ。歩かないぞ！』と心に誓って走ったとします。途中で，苦しくて，足が痛くて，もうだめ，と思ったけど，あきらめないで最後まで走り続けて，いちばん最後だったけど，ゴールしました。さて，あなたはマラソン選手，1年生，どっちの人に金メダルをあげたいですか？」「1年生！」という声が返ってきます。

「私もそう思います。本気でがんばって，自分の弱い気持ちに負けないで，ゆっくりでもいいから最後まで走り続けた人には，何位でも，心の中に，見えない金メダルが輝くんですよ。応援していますよ」

特別な場面

12 学習発表会

あの～におうちの人が
くっついていると思って
せりふを言ってみよう！

☑声を届ける相手を意識させる

学習発表会で，劇や音読など，声を出す発表をするとき，観客席に声が届くように指導しないといけません。

やみくもに大きな声を出させると，怒鳴り声になって言葉が伝わらなくなったり，「～があ，～してえ，～しましたああ！」と語尾を伸ばしてしまい，伝えたい言葉ではなく語尾ばかり目立ってしまったりすることが起きてしまいがちです。

声は，喉に力を入れて無理矢理張り上げるのではなく，体の力を抜いて響かせるようにした方がよく届きます。

会場のいちばん後ろの少し高めの位置に何か目印を決めて，話をしましょう。

「あの後ろのスピーカーを見て。学習発表会，誰に見に来てほしいですか？　そう，お母さん，うんうん，お父さん。その人が，あのスピーカーにぺたっとくっついていると思いましょう。はい，ぺたっ。**あそこにいるおうちの人に届くように言ってみましょう。**怒鳴るとかえって届きませんよ。肩の力を抜いて，声を響かせましょう。（実演）」

練習のたびに「あそこにくっついたおうちの人」を意識させ，そこに向けて「おおい！」「おはよう！」などの短い言葉を呼びかけさせ，次に自分のせりふを合図するまで繰り返し言わせ，発声練習とします。いきなり１人でせりふを言うのは緊張します。

特別な場面

13 ６年生を送る会・卒業式

６年生が中学校で
寂しくなったり、
どきどきしたり
したときのために。

☑ 6年生の気持ちを想像させて

「みんなの大好きな6年生がもうすぐ卒業します。寂しいね。6年生は今まであなたたち1年生にいっぱい優しくしてくださいましたよね。ありがとうを伝えたいよね。今度，6年生をみんなでお祝いする『6年生を送る会』があります。6年生のために出し物をしますよ。6年生だって，中学校に行ってから，寂しくなったりどきどきしたりすることがあるかもしれません。そんなとき，思い出して元気が出るような発表をプレゼントしましょう」

「いよいよ6年生とお別れする卒業式があります。6年生にとっては小学校最後の日です。心に残る，最高の式にしてあげたいですよね。でも，1年生がしゃべったり椅子から落ちたりしたら，6年生は落ち着かないですよね。6年生が，1年生も大きくなったな，と安心してくれる，かっこいい姿勢でがんばりましょう」

1年生が式に出席しない場合，練習のときに「これがあなたたちにとっての卒業式」として参加させてもらえるといいですね。また，お見送りの代わりに，ずらりと並んだ1年生が「おめでとうございます！」「ありがとうございました！」「忘れません！」などと口々に言いながら拍手している動画を撮っておき，当日，見送りの際に大型テレビで繰り返し流すと，6年生が喜んでくれます。

14 修了式

1年間ありがとう。
みんなと一緒にいられて
幸せでしたよ。

☑感謝と喜びを素直に語る

１年間のしめくくりの修了式。１年生も，２年生らしい姿が増え，入学した頃を思い返して担任は感無量……ではないでしょうか（だといいですね。そうでありますように！　わあああ，あれが終わってない！　ぎゃああ，これを忘れてた！　と，てんやわんやかも……。とにもかくにも，１年間，お疲れさまでした！）。

修了式の日は，子どもたちが「１年間がんばったな。力がついたな。楽しかったな。２年生でもがんばろう！」と満足できたら大成功ではないかと思います。

「１年間ありがとう。みんなと一緒にいられて幸せでしたよ」などと，心からの感謝と喜びを伝えましょう。

私は最後に「入学式の日，この入り口であなたたち１人１人と出会ったんですよ。今日は最後だから，ここで握手をしましょう」と言って１人ずつの手を握り，目を見て「ありがとう。これからも応援しているよ」などと声をかけています。１人ずつとの出会いで始めたので，１人ずつとのお別れで締めくくりたいのです。

子どもたちの印象に残ろうと特別なことをしなくてもいいと思います。学校の主役は子どもたち。先生ではありません。**子どもたちの輝きの中に，私たちのがんばりが溶け込んでいて，先々，私たちにはできないことをそれぞれの場でやってくれると思えば，もう十分に幸せです。**

第3章

ピンチの場面で使える言葉

ピンチの場面

1 入学式，泣いて保護者から離れない

涙が出るのに、
がんばって来たんだね。

☑ 子どもと保護者に寄り添う手立てを考える

入学式，学校に来たものの，泣いてどうしても保護者から離れられない子もいます。保護者も泣きたい気持ちでいっぱいです。みんなピンチです。まずは，「涙が出るのに，がんばって来たんだね」と優しく声をかけましょう。

その後の選択肢はいろいろあるので，**本人に気持ちを聞き，保護者とも相談しながら対応を考えましょう。**

落ち着くまで保護者にそばにいてもらう場合は，保護者のいたたまれない気持ちが少しでも和らぐように，椅子を用意し，温かく声をかけます。会場にも同行してもらう場合もあります。新入生の席に保護者が一緒にいても，入学式は担任以外の職員が補助としてついていることが多いので意外と気になりません。こういう場合に備えて，予め教室や会場に低めの椅子を用意しておくと安心です。

保護者がついていても会場に入れない場合は，会場の後ろの方や会場の外側に椅子を用意して参加する，別室でリモート参加をする，みんなが退場してから少人数でやる，などの手立てが考えられます。それらも無理なら，「がんばったね。今日はここまで」と，潔く帰るのもありです。

後日，落ち着いてから，本人と保護者に提案して，改めて放課後にプチ入学式を行うこともできます。それも拒否したけれど，その後，学校生活になじんで，保護者から離れて登校できるようになった人もいます。

ピンチの場面

2 入学式，席で大泣きしている

背中で応援してあげて。

☑周囲の子にどうしたらいいか伝える

　入学式の日，保護者と離れることはできたけれど，大声でずっと泣いたり，興奮して大声で繰り返し何か言い続けたりする１年生もいます。初めてその子と出会った子たちはびっくりしています。このまま会場に行って，その子の方を見てにやにやしたり，ひそひそ話をしたりする子たちがいたら，とても嫌です。ピンチです。

　会場に行く前にみんなに話をしましょう。

「お友だちが泣いているね（お話ししているね）。きっと，どきどきする気持ちがとっても大きくなって，止まらなくなったんだと思うんだ。その気持ち，なんとなくわかるよ，っていう人，いるかなあ」

「わかるよね」ではなく，「これがわかったらすごいけど，そんな人がいるかなあ……」というニュアンスで言うと，「あ，わかる！」と手を挙げたりうなずいたり，反応する子が出てきます。「あ，すごい！　わかる？」と言うと，手を挙げる人が増えます。「みんなすごいね。そうだよね，声出したくもなるよね。そんなときにじろじろ見られたらどう？　嫌だよね，よけい悲しくなるよね。声をかけても止まらないときは，**いい姿勢でお手本をしてあげて。背中で，**（その子が前にいたら「体じゅうで」）**がんばれ！って応援してあげて。**声に出して言わなくても，きっと伝わるから。あ，そうそう，すてき！　ありがとう！」

ピンチの場面

3 入学式に欠席連絡が……

元気になられてから、
プチ入学式をしましょう。

☑ 上書きしてうれしいできごとに

入学式当日の朝に「熱が出ました！」と突然の欠席連絡が入ってくることもあります。えええっ！　どうするの?! と，こちらも動揺しますが，一生に一度の小学校の入学式に参加できなくなった本人と保護者の落胆は，相当なものだと思います。学校生活が，がっかりから始まってしまうのはあまりにも切ないです。ピンチです。

そこで，少しでも悲しい気持ちを和らげられるよう，「元気になられてから，プチ入学式をしましょう」とお誘いしています。入学式の朝はとてもバタバタしているので，担任が欠席連絡の電話に出られないこともあります。その場合はなるべく早く折り返し電話をかけ，安心してもらいましょう。電話をかけるのが式の後になる場合は，式が終わったらすぐにかけ，担任として名乗り，話をします。式後すぐ連絡することで，自分もともに残念がっていること，その子のことを大切に思っていることが伝わります。

プチ入学式は，１年担任の先生たちと管理職は入学式の服装で，他の先生方は，ふだんの服装でいいので，１人でも多くの方に参加してもらいます。会場は教室でもいいので，精一杯飾ります。１年生と保護者も，入学式のときに着るはずだった服でドレスアップして来ていただきましょう。**先生たちみんなで祝福することで，悲しいできごとがうれしいできごととして上書きされます。**

ピンチの場面

4 「お母さんがいい」と泣いている

そうだよね。
泣きたいときは
泣いていいよ。

☑ さらっと受け止めて切り替えを図る

「お母さんがいい……」と泣くのは想定内のピンチです。入学式翌日から泣く人もいますが，１週間から10日くらいたち，今年は大丈夫かな……と思った頃に，よく始まります。大型連休後，夏休み明け，運動会練習，そして災害や感染症等の臨時休業の後も要注意です。学期の始め，週の始め，１日の始めは確率が高くなります。連鎖反応も起きやすいので，同時多発も想定しておきましょう。

泣くのも大切なことなので，「１年生だから泣きません！」と封じるのはNG，「まあぁ，たいへん！　おお，よしよし」とあまり過剰に反応するのもよくないそうです。「そうだよね，お母さんがいいよねえ。泣きたいときは泣いていいんだよ」と**優しくさらりと受け止めて，落ち着くまで担任のそばに座らせたり，さりげなく背中をさすったりします。**あまりに激しく泣いたり暴れたりして，周囲の子が動揺しそうなときは，手をつないで校内散歩に連れ出します。場を変えることで気持ちが切り替わることもありますし，「このプリントを一緒に運んでもらえるかな？」などとお手伝いを頼むのもお勧めです。効果抜群で驚いたのが，**植物に触れること**です。中庭の隅で野の花を摘んだり，藤棚で散った花を集めたりすると，すぐ落ち着くことに気づき，ずいぶん花に助けてもらいました。学校に花や木があるのには，意味があるのですね。

ピンチの場面

5 「いつ帰れますか」と泣いている

大丈夫。
〜と〜と〜をしたら、
帰るよ。

☑「今日の予定」で安心させる

入学式の翌日，朝から涙目で「いつ帰れますか」と聞く1年生がいます。言わないだけで，同じことを思っている子もきっといるはずです。泣く子がいたら，その背後に，泣きたいのを我慢している予備軍が数倍存在すると心得ましょう。そんな子たちのピンチのために，1日の予定を掲示しておきましょう。この時期，ひらがなが読めない子もいるので，読めなくても伝わるように，なるべく写真やイラストを添えておきます。

今日の予定コーナーのところに連れて行き，「大丈夫。今，ここですよ。この後，～と～と～をしたら，帰りますよ」と穏やかに話すと，なんとなく納得してくれます。入学して間もない頃は，短時間でちょっとずついろいろなことをすることが多いですが，「今日の予定」にずらりと項目が並ぶと「大丈夫。この後，～と～と……」と言っても，ちっとも大丈夫だと思えないので，あまり小分けにしないでざっくり大きくまとめ，なあんだ，これだけか，という見た目にしておいた方がだましやすい……もとい，安心させることができます。見た目で安心感を与えるのは，とても大事なことです。

新しいことが多すぎて負荷に潰されそうな入学直後や，できれば学期始めも，なるべく早く帰れるように設定して，徐々に慣らしていくと，適応しやすくなります。

ピンチの場面

6 保護者が帰ってから泣きやんだ

大丈夫ですよ。

☑保護者のケアも

朝から「行きたくない！　お母さんがいい！」と大泣きする子を困り果てたお母さんが連れて来て，しがみついて離れようとしないけど，お母さんも仕事に行かなければならず，何とか教員が抱きとめ，そのすきにお母さんは脱出して職場へ……。「お母さあああん！」と絶叫する1年生，泣き出しそうな顔で去って行くお母さん……。入学後10日くらいの1年生教室でよく見られる，切ない光景です。

その後も泣き続けたり暴れたりする子もいますが，お母さんの後ろ姿が廊下の先にまだ見えているくらいのタイミングで泣き止む子もけっこういます。

こちらはほっとしてその子のケアや他の子たちの指導に忙殺されますが，忘れてはいけないのは，泣きたい思いで職場に走って行ったお母さんの気持ちです。泣きすがる子を振り切って行った保護者の心の中では，その子はずっと泣き続けています。仕事中も気が気ではありません。どんどん不安が増幅されていきます。ピンチです。

子どもの心が不安定なとき，それを受け止める大人の心も，不安でいっぱいになります。大人の不安が実は子どもを不安定にさせている場合もあります。**子どもを落ち着かせるためにも，大人の心のケアは大事です。泣いていた子が落ち着いたら，放課後を待たず一刻も早く電話を**して，「大丈夫ですよ」と伝えましょう。

ピンチの場面

7 「行きたくないと言うので休みます」

放課後に手紙を取りに
来られませんか？

☑ 夕方のちょこっと登校が効果的

「行きたくない！」と泣いて動かない子に保護者も困り果て，「今日は休みます」と連絡が来ることもあります。ピンチです。朝のうちにすぐこちらから電話しましょう。

「たいへんでしたね。きっとがんばり過ぎてエネルギー切れになってしまったのでしょう。今日はゆったり過ごして，心のエネルギーを充電できるといいですね。よかったら，放課後，親子でお手紙を取りに来られませんか？　今日１日休んで明日の朝を迎えると，今朝よりさらに気持ちが重くなる可能性があります。こういうとき，夕方は元気になって，明日は行けると思うけど，朝になると辛くなることが多いんです。今日の放課後学校に来ておくと，明日の朝，ずいぶん気持ちが軽くなると思うんです。今から『夕方，学校に行くよ！』と言うと構えてしまうので，来られるときに『手紙を取りに行くからついてきて』くらいにさらっと言われるといいですよ」。放課後登校，効果的です。

今どきは学校からの手紙は配信で，ということも多く，手渡す手紙がないかもしれませんが，学校に来てもらう口実なので，先生の手書きの「今日はこんな学習をしたよ」という手紙だっていいのです。教室に来たら，健康観察をしたり，様子を見ながら少し学習をしたりして「今日は学校に来たね」と言います。本人が「もっとやりたかったな」と思う程度に，ちょっぴり，がこつです。

ピンチの場面

8 暗唱に失敗した

すねてもしかたないのに、
すねてない！
みんな、どう思う？

☑ 我慢している瞬間に，先手！

就学支援シートなどの情報で，失敗に弱く，すねて物に当たる，パニックを起こして教室を飛び出す，といった傾向のあることがわかっている子が，例えばみんなの前で暗唱に挑戦するとき，気をつけて見守ります。もし，失敗してしまったら，ここは先手を打ちましょう。ピンチを回避，です。**気持ちを爆発させてから対応するのではなく，その子が，我慢している瞬間を見逃さず，声をかけます。**

「うわあ，かっこいい！　ねえみんな，失敗したら悔しいよね。気持ち，わかる？　すねて出て行ってもしかたないよね。でも○○さん，すねてる？　すねてないよね！　飛び出した？　飛び出してないよね！　みんなどう思う？」「かっこいい！」「ですよねえ！　もうやってられっか！って教科書投げてもしかたないよね。投げてる？　投げてないよね！」「かっこいい！」「あっ！　○○さん，教科書を持って，次のお友だちのために審査員をしようとしているよ……」「すごい！」「うわあ，かっこいいねえ。みんな，拍手！」。その子の前に失敗した子たちがいたら，特定の子だけ「すごい！」と言われるのはうれしくないので，もちろんその子たちにも「すごい！」を言っておきます。

声をかける瞬間もなく爆発してしまったら，「悔しかったんだね」と声をかけて落ち着くまで見守ります。また次に，我慢している一瞬を探しましょう。

ピンチの場面

9 やめてほしい行動があった

みなさんは3、4歳の子の仲間ですか？
校長先生の仲間ですか？

☑「１年生は大人」だと思っている

例えば，班でゲームをするので，順番を決める，といった場面で，「私が先！」「僕が先！」とけんかが始まった……ピンチですね。望ましくない言動をやめてほしいな，というときには，こんな話を。

「みなさん，もし，先生と校長先生がゲームをすることになったとして，ですね。『俺が先だあ！』『校長先生，何言ってんですか！　私が先ですよ！　私の方が先に取ろうとしてたでしょっ！』『はあ？　何言ってんだ？　俺の方が先に決まってるだろ！』（派手に一人芝居）……うわ，やってて恥ずかしい（つぶやく）。さあ，みなさん，先生たちがこんなことをやったらどうですか？」「恥ずかしい！」「ですよねえ！　いやあ，やってて恥ずかしかった。じゃあ，そうね，３歳か４歳のちっちゃな子たちだったら，どうですか？『僕が先だぞお！』『私が，先だもん！』（かわいく演じる）どう？」「かわいい！」「ですよねえ。さて，**みなさんは，先生や校長先生の仲間ですか？　それとも，３，４歳の子の仲間ですか？**」

毎回，不思議なのですが，いつも１年生は迷いなく「先生たち！」と声高らかに答えるのですね。どう計算しても，３，４歳の方が近いと思うのですが。と，内心で思っていることはおくびにも出さず，にっこり微笑んで，「ですよねえ！　では，続きをどうぞ」。

ピンチの場面

10 互いに「ごめんね」が言えない

大人のけんかがしたいですか？
子どものけんかがしたいですか？

☑子どもか大人か選ばせる

子どもたちがけんかをしていて，どうやらどっちもどっち，お互い様のようだけど，どちらも意地を張っていて「ごめんね」が言えなくて，「そっちが～したじゃないか！」「そっちこそ～したくせに！」と，言い合いが止まりません。でも，もうゆっくり話を聞いている時間がない。教室を出発しないとまずい……。ピンチです。

「ねえ，**けんかには２種類あるんです。大人のけんかと，子どものけんかです。**子どものけんかは，『そっちが先に言っただろ！』『そっちこそ，あんなこと言って，そっちの方が悪い！』っていう風に，自分がやったよくないことは言わないで，相手の悪いことばっかり言うんですよね。大人のけんかは，どんなに悔しくても，相手の悪いことではなくて，自分のしてしまったことを言うんです。『バカって，心にもないことを言ってしまいました。ごめんなさい』『こっちこそ，ごめんなさい。うっせえって，大変失礼なことを言ってしまいました』さあ，子どものけんかと大人のけんか，どちらを選びますか？　どちらでもいいですよ」。たいてい，先を争うように「ごめんなさい！」と言います。「さすが大人！　かっこいい！」と讃えます。了解を取って後でみんなに紹介するのもいいでしょう。怪我や物の破損を伴うけんかや，いじめにつながる事案は，もちろん，この限りではなく，丁寧な聞き取りが必要です。

ピンチの場面

11 休憩時間に1人でいる

誰を誘っていいか
わからなくて
困っている人はここへ。

☑「困っている人」の場所を作る

保護者の方から「うちの子，休憩時間に１人でいるみたいで心配なんですけど……」と相談を受けました。

１年担任にとって休憩時間は，連絡帳に返事を書いたり，保護者に電話をかけたり，子どもに話を聞いたり，次の準備をしたりと多忙な時間です。それでも，教室で１人所在なさそうにしている子がいれば声をかけられますが，教室を出て１人でうろついていたら把握しきれません。

本人に聞いてみると，誰を誘っていいかわからないとのこと。本人が１人で静かに過ごしたくてそうしているのならいいですが，そうでないのなら，ピンチです。

誰かにこっそり「○○さんを誘ってあげてね」と言ってみようか……。といろいろ考えて，思いつきました。

授業で，２人組の相手を次々と変えて活動するとき，次の相手を探してうろうろしていると，よけい出会えなかったり，追いかけっこが始まったりするので，相手が決まらない人が集まるコーナーを設けています。それを応用することにしたのです。

「休憩時間に，誰を誘っていいかわからなくて困っている人はここへ」と言ったら，数人集まりました。困っている子同士で誘い合ったり，遊びに行こうとした子たちが誘ったりして，うまくいきました。**「困っている人」がすぐわかるので，忙しい担任も声がかけやすくなります。**

ピンチの場面

12 おしゃべりが止まらない

聞いてください。

☑あえて小さな声で

早く静かにさせて話がしたいのに，子どもたちのおしゃべりが止まらなくて困る……こんなピンチが教室ではよくあります。こんなとき，私が愛用している方法は，手を３回叩いて，子どもたちに，同じように手を叩きながら「なん・です・か」と返してもらう技です。大騒ぎしていても，２，３回繰り返すと，全体が気づいて，話が聞ける状態になるので便利です。

こんな方法も使っています。わざと小さな声で「聞いてください」と言います。前の席の子たちが気づいて「はい」と返事をしてくれたら，目で「ありがとう！」を伝え，繰り返します。「はい」が大きくなって，ほとんどの子がこちらに注意を向けたところで，**「すごい！　よく聞いていましたね」と笑顔で言い，静かに話をします。**

そのうち，声を出さず，口の動きだけで（聞いてください）とやっても，「はい！」が返ってくるようになるので，「すごいね！　先生は声を出してなかったのに，わかるなんて！　先生をよく見ていてくれたんですね。話をしようとしている相手をよく見るのは，相手に『あなたを大事に思っていますよ』と言っているのと同じです。先生のことを大事に思ってくれているのですね。ありがとう。とってもうれしいです」と語ります。その後はもう，口パクですぐ，静かになります。

ピンチの場面

13 「今度から〜する」と約束した

〜したら、先生に教えてね。

☑適切な行動が見えるように工夫を

列に割り込んだ友だちを叩いてしまった子と。

「今の，どう思う？」「だめ……」「あ，すごいね。自分でそう言えるのってすごいよ。どうしてだめ？」「怪我するかもしれない」「そうか。○○さんに何て言おうか」「ごめんなさいって言う」（略）「謝れてかっこいいね。もしまた，こんなことがあったらどうする？」「言葉で言う」「なるほど，いい考えだね。何て言うの？」「横入りしないで」「いいね。ちょっと巻き戻ししてやってみようか」。相手の子にも手伝ってもらって練習します。

さて，この後が大事です。「今度は～する」と言ったことが実際できたときに，見逃さずに「すごい！」と指摘したいですが，不適切な行動と違って適切な行動は見えにくいのです。「またやった？　この前約束したのに！」と憤慨する前に，実は誰にも気づかれずに10回我慢しているかもしれないのです。かくして，また，努力して適切な行動をしても注目されないけど，不適切な行動は注目されるということを学ばせてしまうわけです。ピンチです。がんばりカードを作ってこまめに「できた？」と聞く，「叩かないで言葉で言えたぞ，っていうことがあったら，すぐ先生に教えて！」とお願いして，本人が報告するようにしておくなど，**見えにくいがんばりを見えやすくしましょう。本人も自身の適切な行動を意識するようになれます。**

ピンチの場面

14 今話したのに、聞いてきた

どうやったらいいか、
言える人。
○○さん、教えてあげて。

☑ 子どもに説明してもらう

今からやることを丁寧に説明して，「はい，始めましょう！」と言ったとたん，そばに来た１年生が「先生，これ，どうするんですか？」……今，言ったじゃん！　絵まで描いて説明したじゃん！　膝から崩れ落ちそうになりますよね。「だからあ，さっきも言ったでしょっ！」抑えているつもりでも，声に怒気が滲みます。イライラしている自分が嫌になります。ピンチです。

こんなときは，落ち着いて，**「どうやったらいいか，言える人」と手を挙げてもらい，「どうするんですか？」と聞きに来た子の近くの席の子を指名し，「○○さん，教えてあげて」とお願いしましょう。**

教えてあげる方はとてもうれしそうです。張り切って，説明してくれます。いちばんよく理解できるのは，誰かに教えてあげるときですから，その子にも力がつきます。子どもたちは「知らない・わからない」と言うより「知ってる・わかってる」と言う方が好きです。教えられた方は，この次は自分も教える側になりたいと思って，身を入れて聞こうとするかもしれません。同じ子がたびたび聞きに来るようなら，原因を探り，手立てを考えましょう。

もし誰も手を挙げてくれなかったら，こちらの説明がわかりにくかったのだな，と潔く認め，どうしたら伝わるか考えながら説明をやり直しましょう。

ピンチの場面

15 物を壊してしまった

大丈夫？　怪我はない？

☑叱る必要はない

１年生が何か壊してしまった！　壊した物にもよりますが，ともかくピンチです。「何してんの！　走り回っちゃだめって，さっき言ったでしょっ！」と言いたくなるような状況かもしれませんが，第一声は「大丈夫？　怪我はない？」で。こういうピンチのときにこそ，**いちばん大事なのはあなたたちなんだよ，ということをきちんと伝えましょう。**怪我があれば手当を，二次被害が起きそうな現状なら，安全確保を。本人に片付けができそうな状況なら一緒に片付けてもらいましょう。その後で，落ち着いて「これからはどうする？」などと聞いてみましょう。感情的に叱る必要はありません。壊した，という結末で，十分「しまった」と思っているはずですから。

娘が高校生のとき，いつも朝起こしてくれる夫が出張で留守だったため，私は寝坊をして娘ともども遅刻をしました。娘は無遅刻無欠席をがんばって続けていたので，本当に申し訳ないことをしました。けれど娘は一切私を責めず，ただひとこと，「よく鳴る目覚まし時計が欲しい」と言っただけでした。私はいたく反省しました。もし「お母さんのせい！」と責められれば，「あなただって！」と反発したと思いますが，責められない方が自分で深く反省するのだな，ということを学びました。**叱ると，せっかくの自省のチャンスを奪ってしまいます。**

ピンチの場面

16 頭痛を訴える割には休憩になると元気

今日は1日静かに
過ごそうね。

☑ 不調を使っているとしたら

授業中，腹痛や頭痛を訴えて，保健室に行ったのに，休憩時間は元気に遊び回っている……足の痛みを訴えて，足を引きずっていたのに，休憩になったとたん，走って行ってしまった……おや，この子，この前もそうだったな…ときどきそんな子がいます。何かとても苦手で辛いことがあって，そのストレスで痛みが生じているのかもしれませんが，**不調を訴えれば，嫌なことや面倒なことから逃げられる，注目してもらえる，と学んでしまっているとしたら，ちょっとピンチです。**

「痛いのね。それはたいへん。今日は1日，じっとして，静かに過ごしましょう。遊びに行ってはいけませんよ」と声をかけてみましょう。ノートを配るとか，お休みの人の代わりに当番をやるだとか，みんながやりたがる仕事をしに来ても，「ありがとう。でも，今日は具合がよくないから，やめておきましょうね」とお断りします。「治りました！」と言って遊びに行こうとする人もいます。「だめだめ！　急に治ったってことは，また急に痛くなるかもしれません。今日はじっとしておきましょう」と止めます。

これでこの方法は使わなくなる人たちもいます。ただ，これは応急処置です。苦手なことや面倒なことをがんばった後の達成感や，不調を訴えなくても注目してもらえることなどを学べる手立てを考える必要があります。

ピンチの場面

17 「知ってる」と言いたがる

大人は、黙ってうなずいて
聞くんですよ。

☑「知ってる」は封じる

何かと「知ってる」と言いたがる子たちがいます。子どもたちは，（大人もですが）「知らない」とはあまり言いたくなくて，「知ってる！」と言いたがるものです。特に1年生はそういうお年頃なのかもしれません。入学したては，自分をかっこよく見せたい気持ちもあるのか，「知ってる！」「もう書けるもん！」「たし算もひき算もかけ算だってできるもん！」などと自慢したがります。

これは，早急に封じましょう。「そんなこと知ってる僕」をアピールしてしまうと，**真剣に話を聞こうとすると格好がつかなくなるので，人の話を斜に構えて聞き流すポーズを取りたくなってしまうのです。力がつきません。**これは，けっこうピンチです。

「みなさん，学校で，もう知っていることを聞くこともあるかもしれませんが，そういうとき，小学生は『知ってる』と言いません。なぜかというと，『知ってる』と言う人がいると，知らなかった人は心配になるからです。もう1つは，話す人が，話をやめてしまうかもしれないからです。もしかしたら，その話の中にはみんなの知らないことも入っているかもしれないのに！　大人は知っていても，黙ってうなずいて聞くんですよ」。誰か他の先生がその場にいらっしゃったら，「ほらね，○○先生は『知ってる！』なんておっしゃらないでしょ？」と付け加えます。

ピンチの場面

18 みんなが落ち着かない

体のどこが
落ち着いているか、
証拠を探して。

☑ 自分の体に意識を向けさせる

みんながざわざわ落ち着かないことがあります。ピンチです。疲れているとき，いつもと違うことがあったとき，雨が降る前も，落ち着かなくなりがちです。

試しに「自分は今，落ち着いていると思う人！」と手を挙げさせたら，「よりによって，君が手を挙げるか！」と突っ込みたくなるような状態の子も平気で手を挙げています。話を聞いていなくて，周りが手を挙げるのでなんとなく挙げてみただけかもしれません。「身の程知らず」と書いて「いちねんせい」と読みたくなるほど，客観視ができないのが１年生ですから，しかたないです。そういう発達段階なのです。

そこで，**「自分の体の，どこが落ち着いているか，落ち着いている証拠を探してみて」**と言ってみました。すると，みんなはっとして，ぶらぶらさせていた足を床につけたり，後ろ向きになっていた体を前に向けたりしながら，「足！」「目！」などと言い始めました。こちらも，「足が，どうなっていますか？」「目が，どうなっていますか？」と問いかけます。「足が，床についてる！」「目は，先生を見てます！」などと答えるのを聞いて，他の子たちもどんどん姿勢を正していき，しつこく聞こえていた超音波のようなざわめきも，すっと収まりました。

一度お試しください。

ピンチの場面

19 「エ〜ッ」と言わずにがんばってほしい

いや、
さすがに無理でしょう。

☑「さすがに無理でしょう」と言われると

初めて1年担任をしたときのこと。気づいたら，やっていないテストがたまっていて，他にもやらないといけないことがぎゅうぎゅう詰めで，テストを1時間に何枚もさせないと間に合わない，という恐ろしい事実が発覚しました(恥ずかしくて，何枚だったか書けません)。問題数の少ない，すぐ終わりそうなテストばかりだったのですが，それでも1時間に5枚は（あ，書いてしまった……）子どもたちの心が折れてしまいそうです。でも，申し訳ないけど，やらなくては……。ピンチです。

そこで……。3枚目あたりから，「ええっ，もうできたの？　すごいね！　でも，もうできませんよね」などと言ってみました。1年生は「できるよ！」と口々に答えます。4枚目も「これ以上は無理ですよね。え？　まさか，本当にやるの？」5枚目は「いや，さすがにこれ以上は無理でしょう。えっ，やるの？」……1年生は張り切って，得意そうにやってくれました。ありがとう，みんな……。

「やらないといけません」と言われるとなんとなく楽しくないけど，「やってもいいですよ」と言われるとやってみたくなり，「やってみる？　できないと思うけど」と言われると「やってやろうじゃないの」と思ってしまう……。**言葉の選び方1つで，気持ちが変わります。**

でも，この技を使う事態になりませんように。

ピンチの場面

20 不調の波におぼれそう

頭から元気になる
薬を出してみよう!

☑何が起きているか自覚させる

心のエネルギーが切れそうなとき，足が痛いとか，頭が痛いなどと不調を訴える形でSOSを出す子どもたちもいます。もちろん，本当に病気や怪我かもしれないので，まずは確かめますが，どうもこれは気持ちから来ているな，というケースはあるものです。寂しさからなのか，不安からなのか，その子の心が満たされるように心を尽くし，夢中になれるような楽しい授業を工夫したいものです。

そして，よくも悪くもつられやすいのが1年生，連鎖反応を引き起こし，次々と似たような訴えが続くことが，ときとしてあります。ピンチです。もちろん，これも感染症や熱中症の同時多発，という可能性もあるので，確認が必要ですが，不調の気分の波におぼれそうになっているな，という状況なら，一度みんなに話をしてみるのも手です。

「人は『嫌だな』『つまらないな』『心配だ』などと思っていると，脳から，本当に具合が悪くなるお薬みたいなものがドバーッと出て，調子が悪くなることがあるんですって。でも，大丈夫。反対に『うれしいな』『楽しいな』『がんばるぞ』などと思っていると，脳から元気になるお薬みたいなものがドッバーッと出て，本当に元気になるそうですよ。**『心配……』と思うのを『がんばるぞ！』に変えて，『あ，元気になってきた！』と感じることがあったら，それはとってもすごいことだから，教えてね**」

ピンチの場面

21 「僕が私が」が止まらない

先に譲ってあげるのは、
誰かな？

☑過去より今からのことを話し合う

「僕が先に並ぼうとしたのに！」「私の方が先だったのに！」「僕が先！」「私が先！」……。

１年生教室で，よく見られる光景です。詳しく両者の話を聞いたって，どちらも自分が先だと信じているからこそ，もめているのであって，埒があかないのは目に見えています。恐らく迷宮入りです。ピンチです。

こんなときは**「先に譲ってあげるのは，誰かな？」で一気に解決**しましょう。うまくいくとお互いに譲り合う，美しい光景に変わります。

どちらかが譲ってくれたら，「わあ，大人っぽい！　かっこいい！　優しいね」と言います。譲られた方は，このままだと格好がつかず，何となく後味が悪いので，「よかったね！　こういうときは，何て言うんだっけ」「ありがとう……」「まあ，すてき！　ちゃんとお礼が言えて！　かっこいい！　２人とも，すてき！」で，円満に終わらせます。みんなに紹介すれば，さらにうれしさ倍増です！

どうしてもどちらも譲らないときは，「こういうとき，大人は『どうぞ』と譲るんですよ。子どもは，自分が先！って，譲れないんですよね。さあ，大人はどっちかな？」と，さらに揺さぶりをかけます。意固地になって固まっている場合は，「譲ってあげる？」と聞き，かすかにうなずいた方に「わあ！　大人っぽい！」（以下，上に同じ）。

ピンチの場面

22 提出しなかった

遅れても、あきらめないで
やりとげるのって、どう？

☑ 遅れてもあきらめないことを

夏休みの宿題の１つとして，国語は「『゛』のつくことば」などの言葉集めやしりとり，算数は計算カードを使った「計算マラソン」で，ノートを使い切ること，という課題を出しました。夏休み明けからどちらのノートも，もう少しマスの小さいものに変えるためです。

見事全部書ききった人は前に出て，いちばん自慢のページを開いてノートを掲げ，みんなからの拍手を浴びます。しかし，途中で終わっている子，中にはそんな宿題の存在をきれいに忘れていた子もいます。ピンチです！　その子たちに，**「どんなに日にちがかかってもいいから，最後までやったら見せてね」と話します。**ただし，課題の負荷が大きすぎる子は，途中でも「がんばったね！」で終わり！

そして，後日，無事やり遂げた子がノートを持ってきたら，大いに喜び，みんなに説明し，「もちろん，締め切りを守って出すのがいちばんすごいよ。でも，遅れたからもうやらない，ではなくて，遅れてもあきらめないで最後までやり遂げるのってどう思う？」と聞きます。みんな「すごい！」と大拍手です。これからの人生，締め切りに遅れることだってあります。でも，この１件で，あきらめないでがんばることのよさを知った子たちなら，投げ出さずにがんばろうするかもしれません。

ピンチの場面

23 保護者が相談してきた

知らせてくださって
ありがとうございました。

☑まずは，ありがとうを

保護者から電話がかかってきたら，どきどきしますよね。内容が「うちの子が意地悪をされたと言っている」とか，「先生にこんなことを言われたと言っているが，どういうことですか」といった苦情や非難を含んだものだと，机の下で避難訓練をしたくなります。ピンチです！

落ち着いて。こういう話を聞くのはこちらも苦しいですが，ただでさえ不安でいっぱいの保護者は，我が子のことを心配して，もっと苦しい思いでいっぱいなのです。**学校に伝えてくれたということは，学校は聞いてくれる，何とかしてくれる，と信じてくれているということです。まずは，そのことにお礼を言いましょう。**「知らせてくださって，ありがとうございます」。

そもそも，保護者と教師は，ともに子どもを育てる仲間なのです。敵同士ではありません。

人は不安なとき，自分を守るために誰かを攻撃しようとすることがあります。保護者が攻撃的になっていたとしても，こちらも攻撃的になっては，仲間の関係に戻れなくなります。「ありがとう」の呪文で落ち着いたら，話を聞きましょう。ついつい自分を守るため，相手の話を遮ってでも，こちらの言い分を言いたくなることもありますが，まずは相手に寄り添って話を聞きましょう。そこから，子どものためにどうしたらいいか一緒に考えましょう。

ピンチの場面

24 いよいよ困った

ピンチです。
助けてください！

☑ SOS を出して

どうしてもうまくいかないことはあります。対応の難しい子が複数集まり，化学反応を起こしてしまうと，通常の手立てではどうにもならなくなることがあります。ピンチです！　こんなとき，いくつかの危険があります。

まず，簡単に子どものせいにしてしまうのは危険です。端から見ていると，子どもたちがいらだっているのは，担任の言葉や態度がそうさせているのでは？と思うケースもあります。感情的に叱ってばかりいないか，わかりやすい指示や楽しい授業を実践しているか，など，**自分の方に工夫できることはないか考えることは，やめてはいけない**と思います。難しいクラスに出会って，こちらの力量が上がることは，悔しいけどあります。

自分のせいだと責めて苦しくなるのも危険です。自分に「がんばっているね」と言えないと，もっと未熟な子どもたちに「がんばっているね」なんて言えませんから。

１人で抱え込むのも危険です。困ったら，**周囲の先生にSOS を出し，チームで対応を考えましょう。**その際，他の先生に丸投げして，どんな対応をしているか見ようともしないのも，危険です。他の先生に助けてもらうのは，自分とは違う対応を学ぶチャンスです。

今後，対応の難しい子どもは増えると思います。大人が力を合わせて，対応していくことが大切になります。

ピンチの場面

25 落ち込んでいる自分に

よし！　子どもの
気持ちがわかる！
またひとつ力を
手に入れたぞ！

☑ 失敗するたび，力が増える！

うっかりミスをまたやってしまった！　締め切りに間に合わなかった！　理不尽なことを言われた！　失敗したり落ち込んだりすることは，いくつになってもあります。

教員１年目の６月，自分がどうにもだめに思えて，自分が教員を辞めることが，学級の子どもたちのためにできる最善の策では，と思い詰めました。ピンチでした。

このときは，自分は自分のことを信じられないけど，周囲の尊敬できる人たちが私を大切にしてくださっていることに気づき，その人たちが私を信じてくださるのなら，もう少し自分を信じてみようかと思い，乗り切りました。

その後，年を重ね，気づいたことがあります。思い詰めていた頃の自分に伝えたいと思います。

うまくできている子たちに教えるよりも，思うようにできなくて落ち込んだりいらだったりしている子たちを勇気づけることの方が，難しい仕事です。ということは，落ち込む子どもの気持ちがわかることこそ，教師の最大最強の武器になるではありませんか！

ピンチになるたび，失敗して落ち込むたび，「よし！自分は困っている子どもの気持ちがわかる！　また１つ力を手に入れたぞ！」と心の中で言ってみましょう。

落ち込んでいるあなただからこそ，子どもに寄り添い，勇気づけられる教師になれると思うのです。

あとがき

使えそうな言葉はあったでしょうか。あなたの思いを子どもたちに届けるために，お役に立てる言葉が1つでもありますように。

この本は，『小1担任の不安が今すぐなくなる本』の姉妹編です。もう読んでくださった方，ありがとうございます。まだの方，そちらも参考にしてくださるとありがたいです。

さて，子どもとの人間関係についての私の基本的な考え方は，アドラー心理学で学んだことを土台にしています。アドラー心理学を学び，仲間とともに30年以上実践を続けてきたおかげで，子どもたちと幸せな関係を築くことができ，困ることはあっても悩むことはほとんどなくなりました。アドラー心理学は，とてもいいです。お勧めです。もし，この本で「いいなあ」と思われることがあるとしたら，それはきっとアドラー心理学の考え方だと思います。アドラー心理学は，本を読んで理解することはできても，実践するのは難しく，トレーニングが必要です。スポーツをやるのに，本を読んだだけで正しいフォームが身につくわけではないのと同じです。関心をもたれた方は，ぜひ，日本アドラー心理学会のセミナーなどで学んでください。

『小1担任の不安が今すぐなくなる本』に続き，この本の企画を考えてくださった明治図書出版の大江文武様，

「ええっ！　もう１冊書くんですか？」とびっくりしましたが，書いていて本当に楽しかったです。幸せな時間を，ありがとうございました。アドラー心理学と演劇を紹介してくださった山本影子先生，たくさんの幸せをありがとうございます。初めて１年を担任したとき，真っ先に１年担任の話し方を伝授してくださった舩越晶子先生，１年担任の土台を授けてくださって，ありがとうございました。そして，今まで支え，応援し，ともに学んでくださった多くの先生方，様々なことを教え，鍛えてくれたたくさんの１年生たち，アドラー心理学学習会「Smile.K クラブ」「花想会」のみなさん，アドラー心理学を学び，実践し続ける仲間でもある夫と，ネイティブアドレリアンの心優しい３人の子どもたちに，心から感謝します。

　最後に，もう１つ。締め切りを過ぎてしまったこの本の最後の原稿は，隠岐の島で，缶詰状態で書き上げました。オペラに出演する夫にくっついて，フェリーに乗って隠岐の島に行き，リハーサルを聴きながら書きました。会場の片隅で仕事する私を温かく見守ってくださった，「しまねだんだんオペラ」の優しい皆様，膝にパソコンを載せていた私に延長コードを持ってきてくださった親切な隠岐島文化会館の方，ありがとうございました。「蝶々夫人」，心震える感動的な舞台でした！　すばらしかったです！

2025年１月

吉田　温子

【著者紹介】

吉田　温子（よしだ　あつこ）

鳥取市出身。鳥取大学教育学部卒業。６校目の勤務校である米子市立淀江小学校で１年担任を務める。前任校から続けて１年担任連続12年目（令和６年度現在）。平成29年度鳥取県小学校教育研究会国語部会より「峰地新人賞」受賞。平成31年度鳥取県エキスパート教員認定（認定分野国語）。令和元年度文部科学大臣優秀教職員表彰。50年以上続くアマチュア劇団「演劇集団あり」で活動。戦争や性の多様性などをテーマにした作品でいつも膨大な台詞を語っている。米子こども劇場の存続の危機を憂い，運営委員長として10年以上活動。30年以上続けているアドラー心理学教員向け自主学習会「Smile.K. クラブ」と親向け自主学習会「花想会」の連絡係。３人の子育てを終え，夫と２人暮らし。声楽をやる夫の歌を聴くのが楽しみ。

［著書］

『小１担任の不安が今すぐなくなる本』（明治図書出版，2024年）

『「やりたい！」「できた！」がクラスにあふれる　小学１年の国語授業アイテム』（明治図書出版，2020年）

小１担任の言葉が今すぐ身につく本

2025年３月初版第１刷刊　©著　者　吉　田　温　子

2025年５月初版第２刷刊　発行者　藤　原　光　政

発行所　明治図書出版株式会社

http://www.meijitosho.co.jp

（企画）大江文武（校正）養田もえ

〒114-0023　東京都北区滝野川7-46-1

振替00160-5-151318　電話03(5907)6701

ご注文窓口　電話03(5907)6668

＊検印省略　組版所　株式会社アイデスク

Printed in Japan　ISBN978-4-18-319928-7